뇌를 읽다, 마음을 읽다

뇌를 읽다, 마음을 읽다

서가
명강
21

뇌과학과 정신의학으로 치유하는
고장 난 마음의 문제들

권준수 지음

서울대학교병원
정신건강의학과 교수

21세기북스

이 책을 읽기 전에 학문의 분류

사회과학

社會科學, **Social Science**

경영학, 심리학, 법학, 사회학,
외교학, 경제학, 정치학

인문학

人文學, **Humanities**

언어학, 역사학, 종교학,
문학, 고고학, 미학, 철학

예술

藝術, **Arts**

음악, 미술, 무용

의학

醫學,
Medicine

자연과학

自然科學, **Natural Science**

과학, 수학, 화학, 물리학,
생물학, 천문학, 공학, 의학

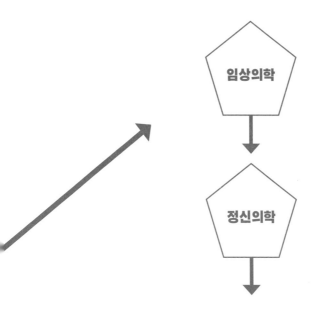

정신의학이란?
精神醫學, Psychiatry

정신질환을 연구하고 진단·치료·예방하는 학문이다. 오스트리아의
신경학자인 지크문트 프로이트가 정신분석을 창시한 이후 마음에 관한 연구가
본격적으로 이뤄졌다. 1950년대 이후 의학과 과학의 발달로 뇌의 기능과
구조적 메커니즘이 밝혀지면서 정신질환을 치료하는 약물이 발전하여 사회적
편견도 줄어들고 있다. 지금은 생명과학과 뇌인지과학의 성장을 기반으로
인지행동치료, 신경조절술 같은 효과적인 치료법이 병행되고 있으며, 머지않아
인공지능을 통한 디지털 치료까지 가능해질 것으로 전망하고 있다.

이 책을 읽기 전에 주요 키워드

직감(직관)

구체적으로 분석해서 결론을 얻자면 시간이 걸리는 것을 겉으로 드러나는 현상을 통해 짧은 시간에 파악하는 능력. 한 분야에서 오랫동안 연습하고 갈고닦은 후에 생기는 능력으로, '전문가적인 기능'이라고 한다. 인간만이 가지고 있는 가장 고차원적인 정신 기능이라고 여겨진다.

무의식

인간 정신은 우리가 인식하고 들여다볼 수 있는 의식과 겉으로 드러나지 않고 확인하기 어려운 무의식으로 나뉜다. 정신분석에서 무의식은 불안을 일으키게 되는 억압된 원시적 충동이나 욕구, 기억, 원망 등을 포함하는 정신 영역을 의미한다.

뇌 가소성

반복적인 외부 자극이 있으면 관련 있는 뇌 신경망의 숫자, 강도, 형태가 강화되고, 사용하지 않는 신경회로는 기능이 감소하는 현상을 말한다. 특정 부위의 뇌 신경세포가 손상되면 그 기능을 다른 신경세포가 대신하기도 하고, 부상이나 외부 자극으로 생긴 뇌의 변화를 보상하기 위해 새로운 연결을 형성하는, 뇌의 자연스러운 능력이기도 하다.

신경전달물질

신경세포 간에 신호를 주고받는 화학물질. 현재까지 200여 종류 이상이 발견되었으며, 주의·기억·각성을 담당하는 아세틸콜린, 행동·인식·동기부여·보상·중독·주의력을 담당하는 도파민, 수면·각성·기분 조절을 담당하는 세로토닌 등이 대표적이다. 신경전달물질의 분비나 활성에 이상이 생기면 정신질환으로 이어질 수 있다.

우울증

스트레스 등으로 정신건강이 악화됐을 때 뇌가 보내는 위험 신호. 평소와 달리 불안하고 긴장되고 우울하거나, 사소한 일에도 짜증이나 분노가 일기도 한다. 일상에서 느끼는 우울감은 대개 2주 이내에 극복된다. 그렇지만 병적인 상태인 주요우울증은 특별한 스트레스나 사건 없이도 저절로 우울한 기분이 들며, 우울의 정도가 심하고, 2주 이상 장기간 지속된다.

조현병

망상·환각 같은 사고의 장애나 감정, 행동 등의 이상을 보이는 정신질환이다. 예전에는 '마음이 찢어지고 갈라진 병'이라는 의미로 정신분열병이라고 불렸으나, 2011년부터 '뇌의 문제로 적절한 긴장을 유지하는 데 문제가 생긴 질환'이라는 의미의 조현병으로 바뀌었다. 조현(調絃)은 현악기의 줄을 의미하며, 적절한 조율을 통해 정상적인 음이 나올 수 있듯이 뇌의 신경세포 연결이 적절하지 않아 병이 발병한다는 상징적인 의미의 병명이다.

신경조절술

뇌 신경망이나 특정 뇌 부위를 전기적 혹은 자장으로 자극해 뇌 신경 기능을 조절하는 방법. 뇌 영상술의 발달로 뇌의 기능적 및 구조적 신경 네트워크를 통해 특정 부위의 이상 여부를 확인할 수 있게 됨으로써 오늘날 정신질환 치료에 큰 역할을 담당하고 있다. 뇌의 국소 부위만 비침습적으로 자극하는 경우가 많기 때문에 약물치료에 비해 부작용이 적은 편이다.

디지털 치료제

약물은 아니지만 의약품과 같이 신체 및 정신질환을 예방, 관리, 치료하기 위한 소프트웨어를 말한다. 스마트 워치나 밴드에 포함되어 있는 건강관리 소프트웨어가 대표적이다. 이를 통해 혈압·맥박·심전도 등의 생체신호를 분석함으로써 질병을 예방하고 약물의 효과를 최적화해 치료에까지 활용한다. 특히 파킨슨병과 같이 치료가 어려운 중추신경계 질환, 인지행동치료가 중요한 강박증, 공포증, 우울증 등에 효과적이다.

차례

1부   당신의 마음은 어디에 있는가

2부   나를 아프게 하고 타인을 위협하는 뇌

"'무의식은 인간의 고차원적 정신 기능이 아니라 뇌
피질의 한계 때문에 생긴 현상일 뿐이다.' 이러한
과학적 의심은 우리를 우리 뇌의 존재 의미에 대한
근원적 질문으로 이끈다."

프로이트 시대를 건너 발견한 세상

2016년 3월 구글의 인공지능 알파고^AlphaGo와 이세돌의 경기에서 알파고가 4승 1패로 승리했다. 경기 시작 전 당연히 이세돌의 압승으로 끝나리라고 확신했던 나는 상당한 충격을 받았다. '직감'이라는 능력은 인간만이 가지고 있는 가장 고차원적 정신 기능이라고 여겨지며 바둑 경기에서는 이 능력이 극단적으로 요구되기에, 인공지능의 기계적인 알고리즘이 인간을 이길 수 없다고 생각한 것이다.

19×19줄의 바둑판에서 벌어지는 경우의 수는 우주에 존재하는 모든 원자의 수를 합친 것보다도 많다고 알려져 있다. 그러니 아무리 성능 좋은 슈퍼컴퓨터로 경우의 수를 계산하더라도 인간의 직감력을 제한된 시간에 따라잡기는

어려울 것이다. 영어로 'intuition'이라는 단어는 직감, 직관 또는 통찰이라는 뜻이다. 구체적으로 분석해서 결론을 얻자면 시간이 걸리는 것을 겉으로 드러나는 현상을 통해 짧은 시간에 파악하는 능력이다. 흔히 '감'이라고도 하는 직관력은 그냥 생기는 것이 아니다. 한 분야에서 오랫동안 연습하고 갈고닦은 후에 생기는 능력으로, 이른바 전문가적인 기능이다. 바둑은 이런 전문가 기능이 극단적으로 요구되는 게임이다.

'직관'이나 '감'은 우리 뇌에서 어떤 기전을 통해 생겨나는 것일까? 아직 정확히는 밝혀지지 않았지만, 아마도 뇌 피질의 한계 때문일 것으로 추정된다. 인간의 뇌는 끊임없이 들어오는 외부의 자극을 받아들여 기억으로 남기는 작업을 해야 한다. 하지만 이를 수행하는 뇌의 피질에는 한계가 있기에 일부만 피질에 남기고 대부분은 피질하 구조로 내려보낸다. 이런 작업이 수없이 반복되면서 의식되진 않지만 피질하 뇌 영역에 많은 정보가 저장된다. 정보들은 이런저런 방식으로 서로 얽혀 있어서 일부만 자극이 되어도 연결되어 있는 여러 정보가 동시에 자극을 받음으로써 짧은 시간에 전체가 파악되는, 이른바 '패턴 인식'이라는 현상으로 발전한다. 패턴 인식은 분석을 통하지 않고 현상만 봐도 판단할 수 있는 기능이다. 그러기에 '감'으로 판단하는 것은 실제 구체적인 계산이나 분석을 통한 결과보다는 정확성이 떨어질 수밖에 없다. 하지만 시간적 제약이 있을 때는 모든 과정을 계산하기 어렵다는 데 문제가 있다. 아무리 인공지능이 발전했다고 하지만 시간제한이 있는 바둑 경기에서는 직관력이 큰 힘을 발휘할 것이고, 인간이 인공지능을 이길 가능성은 더 클 수밖에 없을 것이다. 하지만 반상 대결은 인간의 패배로 끝났다.

알파고가 승리한 이유를 딥러닝이나 몬테카를로 검색 기법 또는 강화학습 등 여러 용어로 설명하지만, 사실 그보다도 이런 과정을 짧은 시간에 계산해내는 슈퍼컴퓨터 덕분일 것이다. 특히 병렬 계산을 위해 분산 컴퓨터를 이용했는데, CPU 1,202개와 GPU 176개로 구성된 컴퓨터를 활용해 제한된 시간 내에 최대한의 경로를 탐색한 것이다. 이세돌 9단이 1초에 100가지 경우의 수를 찾아내는 반면 알파고는 10만 개까지 가능하다고 하니, 아무리 전문가 기능을 동원한 직관력이라도 컴퓨터의 계산 속도를 따라가기는 어려웠을 것이다.

만약 인간의 뇌 피질이 충분한 정보를 저장할 수 있는 용량이 된다면, 굳이 무의식적인 직감에 의존하지 않더라도 인공지능을 이길 수 있을 것이다. 이렇게 추론하자, 무의식은 단순히 피질의 용량 부족을 해결하는 하나의 방법에 지나지 않을 수도 있다는 생각에 이르렀다. 35년을 정신과 의사로 살면서 무의식에 대해 한 번도 의문을 품지 않고 받아들였던 나는 상당한 혼란에 빠졌다. 물론 컴퓨터처럼 계속해서 정보를 더 많이 더 빠르게 계산하기 위해 뇌 피질을 늘릴 수는 없을 테지만 말이다.

지크문트 프로이트Sigmund Freud 이후 정신과 의사들에게 무의식은 인간의 마음을 이해하는 데 흔들림 없는 프레임이었다. 바다에 떠 있는 얼음에서 수면 위로 보이는 것이 의식이고, 수면 아래에 있는 더 큰 부분이 무의식이라고 하지 않았던가. 프로이트는 무의식이 의식의 조각들이 떨어져 구성된다고 했다. 그런데 카를 융Carl Jung은 집단적 무의식, 아니마anima, 아니무스animus, 더 나아가 자기self라는 인간의 의식으로는 결코 그 모든 것을 이해하기 힘들다고 했다. 이런 거대한 무의식은 정신과 의사에게 존재의 바탕이자 흔들릴 수 없는 절대적 토대가 됐다. 하지만 '뇌 피질의 한계 때문에 어쩔 수 없이 생긴 현상 그 이상도 이하도 아니다'라는 나의 생각은 정신과 의사로서 당연히 받아들였던 심리 현상 이해의 패러다임에 큰 혼란을 가져왔다. 과연 우리 뇌의 존재는 무엇을 의미하는가?

알파고 이야기를 장황하게 한 이유는 우리 연구팀이 한국기원의 협조를 받아 오랫동안 프로 바둑 기사의 뇌 기능을 연구해왔고, 알파고의 승리를 계기로 인간의 뇌 기능이나 직관, 의식과 무의식에 대한 기존의 생각에 큰 혼란을 느끼게 됐기 때문이기도 하다. 일반인들 사이에서도 이 사건을 계기로 인공지능은 물론이고 자연지능인 인간의 뇌에 대한 관심이 높아졌다. 이런 상황을 거치면서 뇌에 대한 평소 생각을 일반인들에게 소개하고자 하는 욕구가 생겼다. 아무쪼록 재미있게 읽혔으면 하는 바람이다. 마지막으로 오랫동안 정신 현상과 뇌 연구의 토대가 되었던 서울대병원 '임상인지신경과학센터'의 모든 분들과 이 책의 집필에 큰 도움을 주신 21세기북스에 특별한 감사를 드린다.

2021년 12월

권준수

1부_____

당신의
마음은

어디에
있는가

우리 속에는 무한의 우주만큼 신비로운 소우주가 담겨 있다. 겨우 1.4킬로그램 남짓한 작디작은 뇌. 감정을 주관하고 고차원적인 생각을 유도하며 움직임을 주도하는 기관. 과연 뇌란 무엇이며 인간에게 어떤 의미일까?

마음을 둘러싼
아주 오래된 궁금증

우리 안에 있는 우주, 뇌

플라톤Platon은 인간이 영혼과 육체로 이뤄져 있으며, 몸은 마음을 담는 그릇에 불과하다고 했다. 그러나 그의 제자인 아리스토텔레스Aristoteles는 정신과 신체를 따로 분리할 수 없는 단일한 존재로 봤다. 아리스토텔레스에 따르면, 정신은 심장에 있고 뇌는 혈액을 식히는 역할을 한다. 이렇듯 마음의 실체에 관한 주장은 과학이 발달하기 전 고대 시대부터 첨예하게 대립했다. 이런 논쟁은 근대에 이르러 데카르트René Descartes가 재정립했다.

장작불에 발을 올리는 상황을 가정해보자. 아마 1초도 되지 않는 짧은 시간에 뜨거움을 느끼고 발을 뗄 것이다.

뜨거운 불의 자극이 뇌에 도달하기 전에 이미 척수spinal cord에서 반응이 이뤄지기 때문이다. 데카르트는 이처럼 신경에 의해 조절되는 반사작용의 존재를 이야기했다. 그에 따르면 발을 떼는 행위와 뜨겁다고 인식하는 것은 다른 차원에 있다. 뇌의 기능과 말초신경의 기능을 분리하고, 말초신경은 과학적 연구의 대상이지만 뇌의 기능은 연구의 대상이 아니라고 했다. 데카르트의 이런 이원론은 뇌의 가장 고위 기능인 정신을 인간이 과학적 연구로 밝혀낼 수 없는 신의 영역으로 남겨둠으로써 결과적으로 뇌에 대한 연구를 어렵게 했다.

이에 따라 데카르트 이후부터 1950년대 뇌 영상술과 약물 개발로 뇌의 구조와 기능이 밝혀지기 전까지는 정신에 대한 과학적 연구가 지지부진한 상태에 머물러 있었다. 오늘날 일각에서는 정신이 뇌의 작용이라는 점을 데카르트도 알고 있었으나 당시 분위기에서 자신의 주장을 펼 수 없었으리라고 추측하고 있다. 기독교 문화에서 과학적 연구를 통해 정신을 연구한다고 하면 과연 그가 살아남을 수 있었을까? 한편으로는 오히려 그가 이원론을 주장함으로써 고위 중추 기능인 정신과 달리 감각과 관련된 말초신경의

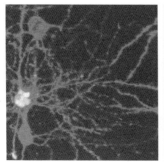

신경세포들이 모인 소우주 뇌와 별들의 집합인 대우주

연구가 가능했던 것이 아니었을까?

이처럼 정신의 존재와 위치를 둘러싼 다양한 주장이 있음에도, 오늘날 인간의 생각과 행동의 상당 부분은 뇌의 작용으로 해석된다. 뇌의 고위 중추 기능 중에서도 감정의 영역은 특히 빼놓을 수 없는 부분이다. 현대인들을 괴롭히는 마음의 질병 또한 뇌를 진단하고 치료함으로써 개선될 수 있다는 희망을 주기 때문이다.

인간의 뇌를 현미경으로 들여다보면 어떤 모습일까? 수많은 신경세포로 구성된 뇌의 모습은 망원경으로 본 우주의 모습과 놀랄 만큼 닮았다. 과거부터 인간의 뇌를 '소우주'라고 칭했는데, 이는 무궁무진한 가능성을 지닌 신비

로운 공간이라는 점 외에 실제 모습의 유사성에서도 기인
한다.

과학이 밝혀낸 뇌의 실체

인간의 뇌를 한마디로 정의하자면 정보처리 기관이라고
할 수 있다. 일종의 컴퓨터와 같이 내·외부의 자극에 어떻
게 반응할지를 결정하는 역할을 하기 때문이다. 뇌는 약
1.3~1.5킬로그램의 무게로 체중의 약 2.5퍼센트만을 차지
하지만, 전체 에너지의 20퍼센트가량에 달하는 에너지와
분당 750밀리리터의 혈액을 사용할 만큼 중추적인 역할을
하는 존재다.

　뇌는 크게 좌반구와 우반구라는 양쪽 반구로 나뉘어 있
으며, 흔히 좌뇌와 우뇌로 표현하듯이 기능이 편재화되어
있다. 한편 전두엽frontal lobe · 두정엽parietal Lobe · 측두엽temporal
lobe · 후두엽occipital lobe으로 이뤄진 대뇌cerebrum, 척수와 연결된
소뇌cerebellum로 나눠볼 수도 있다. 약 1000억 개의 신경세
포로 이뤄져 있으며, 이들 신경세포의 연결 부위인 시냅스
synapse는 그 수만 해도 100조~1000조 개에 이른다. 이때 신
경세포들은 직접적으로 붙어 있지 않고 틈을 두고 떨어져

있으며, 신경전달물질neurotransmitter을 통해 정보를 주고받는다. 즉, 뇌는 신경세포와 주변의 신경세포를 지탱해주고 적절한 환경을 제공해주는 신경교세포neuroglia cell로 이뤄져 있으며, 세포들이 시냅스라고 하는 연결 부위를 통해 이뤄진 신경다발인 셈이다.

오늘날에는 이런 신경세포들의 연결을 종합해 뇌 지도를 그리는 커넥톰connectome 연구가 이뤄지고 있다. 인간의 유전자 지도를 밝히는 게놈 프로젝트genome project 이후에 진행되고 있는 대규모 연구로 휴먼 커넥톰 프로젝트human connectome project라고 불린다. 뇌 신경세포의 연결 구조를 통해 궁극적으로 뇌의 신비를 밝히는 작업이다. 1000억 개에 이르는 신경세포와 서로 연결된 시냅스 구조를 일일이 그린다는 것은 불가능에 가까워 보이지만, 많은 과학자의 노력으로 언젠가는 뇌 회로도가 완성되는 날이 올 것이다. 그때가 되면 이토록 작은 뇌 안에 어떤 우주가 펼쳐져 있는지 그 실체를 마주할 수 있을 것이다.

신체를 주관하는 뇌의 영역들

아주 오래전부터 인간은 뇌에 대해 궁금증을 품어왔지만,

적어도 13세기까지 동물 해부는 일반적으로 시도되지 않았다. 중세 시대의 그림들만 봐도 뇌 기능은 해부학적 근거 없이 그려졌고, 시각·후각·청각과 같은 큰 감각 외에는 상상력이나 환상과 같은 영혼의 개념에 초점이 맞춰져 있었다. 이런 뇌의 기능을 해부학적으로 접근하기 시작한 것은 17~18세기로 이때 선조체striatum, 뇌량corpus callosum, 대뇌 피질cerebral cortex과 같은 체계적인 개념이 생겨났다.

그 시기에 오스트리아 출신의 프랑스 신경해부학자 프란츠 갈Franz Gall이 인간의 뇌는 마음의 장기로, 대뇌 피질의 각 부위가 심적 기능을 주관한다는 가설을 제시했다. 이에 따르면 뇌의 한 가지 기능을 많이 사용하면 그 기능을 담당하는 대뇌 피질 부위가 다른 부위보다 더 커지며, 각 부위의 크기가 커지면서 두개골에 혹bump까지 생길 수 있다. 쉽게 말해 뇌는 자비·창의성·슬픔 등 심적 기능과 관련되는 부위가 35개의 영역으로 구분되어 있어서 두개골의 모양을 보고 그 사람의 성격까지 판단할 수 있다는 것이다. 이는 당시 뇌의 신비가 풀리길 바라는 많은 사람을 흥분케 했다. 당시 고용주들이 채용 전 구직자에게 두개골 진단을 요청했다는 이야기도 전해진다.[1]

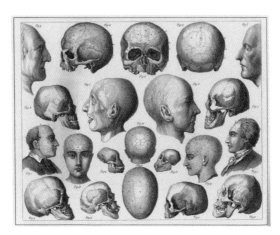

심적 기능의 발달에 따라 서로 다른 모습을 보이는 두개골

갈의 가설을 후에 제자 요한 슈푸르츠하임Johann Spulzheim 이 골상학phrenology으로 명명했다. 이후 미국에도 전해져 19세기 중엽에 크게 유행했지만, 과학적 근거를 찾지 못해 발전하지는 못했다.

뇌와 정신 그리고 성격에 관한 탐구는 이후 정신 작용이나 신경 기능이 뇌 각 부위의 특정한 중추와 관련되어 있다는 국재설局在說의 토대를 이루게 되며, 폴 브로카Paul Broca의 언어 중추language center의 발견으로 이어진다.

이와 관련해 미국의 철도 기술자 피니어스 게이지Phineas

Gage의 사례가 널리 알려져 있다. 게이지는 철도 공사 중 직경 3센티미터, 길이 1미터의 철봉이 왼쪽 이마 위를 관통하는 심각한 사고를 당했다. 기적적으로 살아나긴 했지만 이후 언어나 기억 등의 지능적인 능력을 상실했으며, 사려 깊고 침착하던 성격도 충동적이고 무절제한 것으로 바뀌었다. 이 사건은 그때까지 특별한 기능이 밝혀지지 않은 채 '침묵의 뇌'라고 불리던 전두엽에 주목하게 하는 계기가 됐다. 이후 전두엽이 정서적인 통제나 계획 및 의사 결정에 관여할 것이라는 가설에 따라 과학적인 연구에 박차가 가해졌다.

한편 캐나다 신경외과 의사인 와일더 펜필드Wilder Penfield는 대뇌와 신체 각 부위 간의 연결을 밝혀내고자 했다. 환자가 수술대에서 의식을 유지하게 하고 뇌의 특정 부분을 전기로 자극한 후 이를 관찰했다. 그 결과 정수리 부분이 발의 운동 및 감각과 관련되고 아래쪽으로 내려오면서 얼굴 부위가 관련된다는 사실을 발견했으며, 이를 바탕으로 신체의 각 기관이 뇌에서 차지하는 부위의 크기를 재조합해 펜필드 맵을 완성했다. 이에 따르면 미세한 감각을 느껴야 하는 혀나 손가락 등은 신체에서 차지하는 크기와 달리 실제 뇌에서는 상당히 넓은 영역에 걸쳐 있다. 이처럼 뇌에 대한 연구는 과학기술이 발달하기 전, 다소 비과학적인 방법으로 시작됐다. 하지만 뇌가 신체 각 기능을 주관한다는 당시의 주장은 과학기술이 발달한 오늘날에도 여전히 유효하다. 뇌는 판단, 기억, 추리 등 생각과 관련된 기능이나 시각, 청각 등 감각 자극을 받아들여 전달, 해석, 명령의 기능을 하는 신경계의 최고 중추라고 할 수 있다.

오늘날 실제로 밝혀진 대뇌의 부위별 기능에 따르면 전두엽은 언어와 기억력, 사고력, 논리력 등 고위 인지 기능을 담당한다. 따라서 전두엽이 손상된 환자는 추론 및 문제 해결 능력, 자율성, 창의성 등의 주요 감각이 둔화되고 감정 통제 기능도 제 역할을 하지 못해 정신과 행동이 무감각해지고 둔해지는 경향을 보인다. 그뿐만이 아니라 판단력과 통찰력이 손상돼 잘못된 행동을 하고도 양심의 가책을 잘 느끼지 못하고, 지엽적인 생각에 사로잡혀 작은 자극에도 과민하게 반응하는 등 게이지의 사례와 같은 결손 행동을 보이기도 한다.

이 외에도 정수리 쪽의 두정엽은 공감각synesthesia, 귀 옆쪽의 측두엽은 청각, 뒤통수 쪽의 후두엽은 시각을 담당하

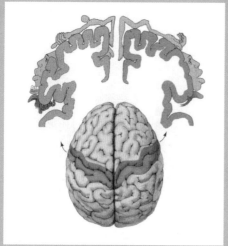

대뇌와 신체의 각 부위를 연결한 펜필드 맵

며, 소뇌는 인지 및 운동 능력을 조정하는 기능을 한다고 알려져 있다. 하지만 이는 사실 편의상의 구분일 뿐, 뇌는 각 부분이 치밀하게 연결되어 있기에 엄밀히 말해서 한 부분이 특정 기능을 전적으로 담당한다고 할 수는 없다.

상상을 넘어
뇌의 실체를 마주하다

네트워크를 이루는 뇌

과학의 발전에 따라 뇌에 대한 연구도 더욱 활발해졌지만, 여기에는 피할 수 없는 조건이 전제되어 있었다. 바로 살아 있는 사람의 뇌를 관찰할 수 없다는 것이다. 하지만 뇌의 작동 원리를 밝혀내려는 과학자들의 노력을 꺾을 수는 없었다. 오늘날 뇌과학의 아버지로 불리는 스페인의 신경해부학자 산티아고 라몬 이 카할Santiago Ramón y Cajal도 그들 중 하나였다.

카할은 죽은 사람의 뇌를 현미경으로 관찰해 신경세포를 따라 그리는 작업을 통해 신경계는 신경세포로 구성되어 있으며, 이는 네트워크를 이룸으로써 방향성을 가지는

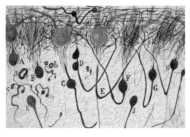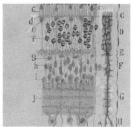

카할이 그린 신경세포의 구조

신경회로neural circuit를 형성한다고 주장했다. 카할의 발표 이전까지만 해도 과학자들은 신경회로가 세포질cytoplasm의 확장으로 그물망처럼 이뤄져 있다고 생각했다.

카할이 이를 밝혀낼 수 있었던 것은 골지 염색Golgi staining이라고 하는 신경세포 염색법 덕분으로, 이탈리아의 해부학자 카밀로 골지Camillo Golgi가 개발한 방법이다. 이 연구를 통해 카할과 골지는 뇌 신경계의 구조를 밝혀냈다는 공로를 인정받아 1906년 노벨 생리의학상을 받았다. 당시 카할이 그린 신경세포는 오늘날 전자현미경으로 관찰한 신경세포와 놀랄 만큼 유사하다.

신경계는 크게 신경세포와 신경세포에 필요한 물질을 공급하고 적합한 환경을 조성하는 신경교세포로 나뉜다.

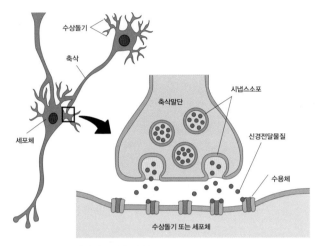

시냅스를 통한 신경전달물질의 전달

신경세포는 전기화학적인 신호의 조합을 통해 한곳에서 다른 곳으로 정보를 전달하는 역할을 하는데, 기본적으로 수상돌기dendrite 가지, 세포체cell body, 축삭axon의 세 구조로 이뤄져 있다.

수상돌기는 다른 세포로부터 신호를 전달받는 부분으로 돌기가 여러 방향으로 뻗어 있다. 세포체는 세포의 기능을 유지하는 데 필요한 단백질 및 효소를 생성하는 세포핵과 다른 세포 조직으로 구성되어 있으며, 축삭은 세포들 사이의 신호들을 운반하는 기관이다. 이런 구조는 모든 신경세포가 동일하지만 모양과 크기 그리고 축삭의 길이는 종류에 따라 매우 다양하다. 어떤 경우는 세포체나 수상돌기의 길이보다 짧기도 하며, 반대로 뇌의 영역 사이를 연결할 만큼 길기도 하다.

신경세포들이 서로 직접적으로 맞닿아 있지 않고 틈을 두고 떨어져 있기에, 신호는 축삭말단axon terminal에서 신경전달물질의 형태로 시냅스를 통해 다른 세포의 수용체receptor site에 전달된다. 이런 신경전달물질과 수용체는 일종의 열쇠-자물쇠의 관계와 같아서 딱 일치하지 않으면 전달되지 않는다. 신경전달물질이 신호의 조절, 즉 촉진하거나 억제하는 중요한 역할을 하는 것이다.

뇌의 언어, 신경전달물질

신경전달물질은 종류만 해도 200여 개에 이르는데, 그중 다음의 신경전달물질은 특히 중요한 역할을 한다. 먼저 아세틸콜린acetylcholine, ACH이다. 최초로 발견된 신경전달물질로, 주의·기억·각성을 담당한다. 해마hippocampus와 대뇌 피질에 투사하는 아세틸콜린성 뉴런이 변성하면 알츠하이머병을 일으키는 것으로 보고됐다.

종류	기능
아세틸콜린	• 주의, 기억, 각성을 담당함 • 해마와 대뇌 피질에 투사하는 아세틸콜린성 뉴런이 변성하면 알츠하이머 치매를 일으킴
도파민	• 행동, 인식, 동기부여, 보상, 중독, 수면, 기분, 학습과 관련됨 • 중뇌 흑질에서 발원하며 기저핵, 변연계, 전두피질에서 분비됨 • 파킨슨병: 기저핵에서 도파민의 방출이 감소할 경우 발병함 • 조현병: 전두피질로 투사되는 도파민이 과활성화될 경우 발병함
세로토닌	• 수면과 각성, 기분 조절을 담당함 • 우울 및 불안과 관련된 대표적 신경전달물질
글루타메이트	• 대표적인 흥분성 신경전달물질 • 시냅스 강화를 통해 해마(의미 기억) 및 편도체(공포, 불안)의 기능을 촉진함
노르에피네프린	• 경계 및 각성, 우울, 공포 및 불안과 관련됨 • 응급 상태에 잘 대처하기 위해 준비하게 하며, 기분을 조절함
가바	• 대표적인 억제성 신경전달물질 • 부족해지면 경련, 불면증이 유발됨 • 헌팅턴 무도병 및 뇌전증(간질) 발작 시 가바성 물질을 처치함

신경전달물질의 종류와 기능

도파민dopamine은 행동, 인식, 동기부여, 보상, 중독, 수면, 기분, 학습, 주의력 등을 담당한다. 중뇌midbrain 흑질substantia nigra에서 발원하며 기저핵basal ganglia, 변연계limbic system, 전두피질frontocortical에서 분비된다. 기저핵에서 도파민의 방출이 감소하면 파킨슨병이, 전두피질로 투사되는 도파민이 과활성화되면 조현병이 발생한다고 알려져 있다. 또한 '행복 호르몬'이라고 불리는 세로토닌serotonin은 수면과 각성, 기분 조절을 담당하는 신경전달물질로 우울증 및 불안증과 관련되어 있다.

이 외에 글루타메이트glutamate는 흥분과 관련된 신경전달물질로, 시냅스를 강화해 의미 기억을 담당하는 해마, 공포와 불안을 주관하는 편도체amygdala의 기능을 촉진한다. 노르에피네프린norepinephrine은 경계 및 각성, 우울, 공포 및 불안과 관련되며, 이는 응급 상태에 보다 잘 대처하기 위한 반응이라고 할 수 있다. 기분을 조절하는 역할을 하므로 분비가 감소하면 우울증이 유발된다. 가바gamma-amino butyric acid, GABA는 대표적인 억제성 신경전달물질로, 과도한 흥분을 방지하는 역할을 한다. 부족할 경우 경련, 떨림, 불면증이 일어나므로 헌팅턴 무도병 및 뇌전증 발작 시 가바성 물질을 처치한다.

해부 없이 살아 있는 뇌를 보는 법

국가 건강검진 시 진행하는 흉부 엑스레이는 심장, 폐 등의 장기나 갈비뼈 등의 이상을 파악하여 질병을 발견하도록 돕는 방법이다. 그렇다면 엑스레이로 머리를 찍으면 어떨까? 당연히 두개골, 턱 등 뼈의 모양 외에는 아무것도 보이지 않는다. 뇌 안에서 일어나는 변화는 알 수 없는 것이다. 그렇다고 살아 있는 사람의 뇌를 직접 열어서 볼 수도 없다. 이런 한계를 극복하기 위해 오늘날에는 뇌의 구조를 파악함으로써 질병을 발견할 수 있는 다양한 방법이 개발되어 있다.

그중 가장 오래된 방법이 뇌파 측정이다. 외부의 전극으로 뇌의 전기적 활동electrical activity을 파악해 실제 뇌파가 어디에서 발생했는지 측정한다. 뇌의 단면을 촬영해 뇌 속을 실제 3차원으로 보는 컴퓨터단층촬영술computed tomography, CT도 있다. 여기에 오늘날 가장 대표적으로 사용되는 자기공명영상법magnetic resonance imaging, MRI은 자력에 의해 발생하는 자기장을 인체에 투사함으로써 돌아오는 전자기파를 측정해 질병을 진단하는 방법이다.

MRI 검사 대상자는 전동 테이블 위에 누워 강한 자기장이 나오는 대형 튜브 모양의 좁은 스캐너 속으로 들어간다. 일반적으로 조직 내 양성자는 특정하게 배열되어 있지 않지만 MRI 스캐너와 같은 강한 자기장에 둘러싸일 때는 자기장과 함께 정렬한다. 스캐너에서 라디오파의 펄스pulse가

방출되면 일시적으로 정렬에서 벗어났다가 다시 자기장과 함께 정렬하며 신호를 방출하는 것이다. 그 신호의 강도는 조직마다 다르며, MRI 스캐너가 이런 신호를 기록한다. MRI 영상 해석은 이 신호를 분석하는 것을 말한다.

최근 뇌의 기능을 연구하는 데 가장 많이 사용하는 방법은 기능적 자기공명영상법functional magnetic resonance imaging, fMRI이다. 외부에서 자극을 주면 관련 뇌 부위에 혈류가 공급되며 활성화되는데, 이때 혈류량을 측정함으로써 뇌의 기능을 파악하는 방법이다. 양전자단층촬영술positron emission tomography, PET과 MRI를 합친 PET-MRI를 통해서도 몸속의 구조적인 변화뿐만 아니라 뇌 신경세포의 변화를 비롯한 기능적인 부분까지 측정할 수 있다. 알츠하이머병 환자의 뇌를 PET-MRI로 측정하면, 뇌 신경세포가 퇴화하여 전두엽 쪽의 포도당 대사가 비활성화된 것을 확인할 수 있다.

또 다른 기술로는 확산텐서영상술diffusion tensor imaging, DTI이 있다. DTI는 회백질grey matter인 피질 사이를 연결하는 백질white matter, 즉 신경세포 줄기들을 확인하는 방법으로 신경통로의 미세 구조에 대한 3차원적이고 세밀한 시각화 정보를 제공한다. 뇌졸중, 외상성 뇌 손상, 뇌종양 등의 국소 병변을 정확하게 측정할 수 있고 조현병, 강박증, 우울증 등의 경우에도 손상된 신경 통로의 위치를 확인할 수 있다. 이때 손상 정도는 분획 이방성fractional anisotropy, FA을 지표로 삼는다. 물질의 확산이 규칙적인지 한쪽으로 우세한지를 확인하는 것으로, 여러 방향으로 퍼져 있으면 손상이 많다고 해석할 수 있다. 이 외에도 근적외선측정법near infrared light, NIR, 자기장을 측정하는 자기뇌파검사법magnetoencephalography, MEG 등 뇌를 촬영하는 다양한 방법이 있다.

오늘날에는 이처럼 다양한 영상술을 이용해 뇌 관련 질병을 조기에 발견할 수 있다. 특히 2000년대 이후에는 다양한 방법론을 통해 뇌와 정신에 대한 연구도 더욱 깊이 있게 진행됐다. 이에 대한 공로로 CT 개발에 관여한 앨런 코맥Allan Cormack과 고드프리 하운스필드Godfrey Hounsfield는 1979년 노벨 생리의학상을, MRI를 개발한 폴 라우터버Paul Lauterbur와 피터 맨스필드Peter Mansfield는 2003년 노벨 생리의학상을 받았다.

우리의 몸과 마음은
뇌와 함께 성장한다

뇌는 움직이는 존재에게 필요하다

뇌는 신체 기관 중에서 가장 복잡하고 많은 에너지를 필요로 한다. 그런 만큼 뇌로서 자리 잡기까지는 상당한 세월에 걸친 진화가 필요했을 것이다. 그래서인지 지구상에 비교적 일찍 나타난 생물들에서는 인간의 뇌와 같은 기관을 찾아보기 힘들다. 대신 그들에게는 뇌가 만들어지기 전, 뇌의 시초격이라고 할 수 있는 기관들이 있다. 즉 인간 뇌의 프로토타입prototype이라고 할 수 있다.

사실 뇌는 동물에게만 있는 기관이다. '움직이는 것'이라는 의미의 '動物'이라는 단어에서 알 수 있듯이, 뇌는 움직임과 밀접한 관련이 있다고 할 수 있다. 물론 식물에도 그런 역할을 하는 부분이 있기는 하다. 식물의 뿌리에는 영양과 수분 공급의 기능뿐만 아니라 일종의 모니터링과 커뮤니케이션 기능까지 갖춰져 있다. 땅속의 화학적 성분을 전기 신호로 바꿔서 식물이 환경에 반응하고 적응하게 하며, 병충해와 같은 위협이 생겼을 때 다른 식물에게 위협 관련 신호를 전달하기도 한다. 기본적으로 환경을 탐지하고 이에 반응한다는 점에서 인간의 뇌와 엇비슷하다고 할 수 있다.

그런가 하면 크기가 1밀리미터에 불과한 예쁜꼬마선충의 경우, 인간과 같은 뇌는 없지만 머리 쪽에 신경세포 다발들이 뭉쳐 있는 형태의 기관이 형성되어 있다. 그 안에는 인간 뇌와 같이 환경 자극에 따라 흥분되거나 억제되는 뉴런들이 있다.

그런가 하면 식물과 동물의 특징을 동시에 지닌 생물도 있다. 멍게에는 원시적인 수준의 뇌와 같은 신경 기관이 존재한다. 이를 활용해 어릴 때는 보금자리를 찾아 바다를 헤매다가, 바위나 산호 등에 정착하면 스스로 뇌를 먹어버린다. 더는 움직일 필요가 없기 때문에 에너지 소모가 큰 뇌를 없애는 것이다. 뇌가 운동 능력의 필요에 의해 진화했다고 추정하는 이유도 이와 같다. 이에 따르면 동물에게만 뇌가 존재하는 이유, 즉 뇌란 움직이기 위해 필요하다는 논리가 성립된다.

그렇다면 인간의 뇌는 여타 동물과 비교했을 때 무엇이 다를까? 지구에 살고 있는 많은 동물은 저마다 생김새가 다른 것처럼 뇌의 모양도 제각각이다. 하지만 인간을 비롯한 포유류의 전반적인 뇌 조직화는 서로 유사하기에, 다른 종을 통한 뇌 연구는 인간의 정신 기능을 파악하는 데 매우 유용하다.

일반적으로 뇌의 크기와 무게는 몸집에 비례하지만, 보통 고등동물로 진화할수록 더욱 커지고 무거워지며 구성 또한 복잡해진다. 그렇다고 뇌의 무게와 고등동물 여부가 완전히 일치하는 것도 아니다. 뇌의 무게를 신체 대비 비율로만 따진다면, 인간은 2.3퍼센트에 불과하지만 생쥐는 3.3퍼센트에 이른다. 단순히 뇌의 무게만을 기준으로 삼을 수 없는 이유다.

사실 이보다 중요한 것은 뇌의 신피질neocortex 비율이다. 모든 뇌에는 기본적인 회 패턴gyral pattern이 있는데, 이는 얼굴에서 코 위에 눈이 있고 코 아래에 입이 있는 것과 같이

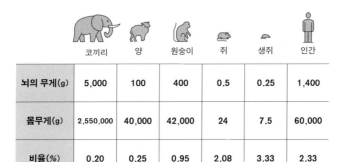

	코끼리	양	원숭이	쥐	생쥐	인간
뇌의 무게(g)	5,000	100	400	0.5	0.25	1,400
몸무게(g)	2,550,000	40,000	42,000	24	7.5	60,000
비율(%)	0.20	0.25	0.95	2.08	3.33	2.33

포유류 뇌 무게의 몸집 대비 비율

기본 형식이 동일하다. 그런데 인간의 경우 신피질의 표면이 다른 포유류처럼 매끄럽지 않고 주름이 상대적으로 많다. 즉, 인간 뇌의 표면적이 보다 넓고 그만큼 신경세포의 수도 많다는 의미다. 신피질의 주름이 한정적인 공간에 최대한의 신경세포들이 존재하게 하는 역할을 하는 것이다. 고등동물일수록 신피질의 비율이 높고, 그 안에 주름과 신경세포가 많다. 흔히 뇌에 주름이 많을수록 지능이 높다고 이야기하는데 바로 이 때문이다. 이 덕분에 인간은 다른 포유류에 비해 그리 크지 않은 뇌로도 높은 인지 기능을 갖추게 된 것이다.

또한 신피질 중에서도 전두엽 쪽이 커질수록 더욱 고등동물이 된다. 쥐보다는 원숭이, 원숭이보다는 인간이 더욱 큰 전두엽을 가지고 있다. 이와 관련해 대뇌화지수 encephalization quotient, EQ라는 개념 또한 중요하다. 쉽게 말해 지능 및 인지에 사용되는 뇌의 비율을 말하는 것으로 인간, 돌고래, 침팬지 순으로 높게 나타난다.

결국 뇌란 움직이기 위해서 진화됐으며, 그런 뇌를 가진 동물들은 고등동물일수록 신피질, 그중에서도 전두엽이 더욱 커지게 됐다. 이에 따라 지능이나 사고 영역의 발달로 사회 인지social cognition 기능 또한 성장하며 진화했다고 할 수 있다.

태어나자마자 걷는 말, 목도 못 가누는 인간

인간은 태어나서 걷기까지 1년, 혼자서 온전히 걷기까지는 3년여의 시간이 걸린다. 적어도 그때까지는 기본적인 돌봄이 필요하다는 의미다. 그렇다면 뇌가 운동과 관련해 진화했으며 인간이 가장 진화된 형태의 고등동물이라고 할 때, 이보다 진화가 덜 된 말이 태어나자마자 걷는 것과 인간은 그렇지 못한 이유를 무엇으로 설명할 수 있을까?

2009년 스웨덴 연구진이 《미국국립과학원회보Proceedings of the National Academy of Sciences》에 발표한 내용에 따르면 운동 발달 연령의 차이는 뇌의 크기에서 기인한다.[2] 인간처럼 뇌가 큰 포유류는 운동 외의 보다 고차원적인 기능을 발달시키는 데 시간이 필요하기에 운동 발달이 상대적으로 느리다는 것이다. 인간의 뇌는 태어날 때 유전적으로 프로그램되어 있지만, 사회 집단을 이루며 살아간다는 특성상 환경과 교감하며 사회적 뇌를 발달시키는 과정이 더 중요하다는 얘기다.

흔히 인간의 뇌 발달은 대부분 영유아 시절에 완성되며, 태어날 때부터 시작된 긍정적인 경험이 평생 성공의 토대를 마련한다고 이야기한다. 실제로 여러 연구에 따르면, 뇌 발달의 80~90퍼센트가 5세 이전에 완성된다고 한다. 어린 시절이야말로 생애 전체 중 뇌 발달에 가장 중요한 시기인 것이다.

앞서 이야기했듯이 인간의 뇌는 신경세포로 구성되어 있다. 따라서 뇌가 발달한다는 것은 신경세포가 성장하고, 숫자가 증가하고, 신경세포들을 연결하는 새로운 시냅스가 생성되면서 신경망이 더욱 촘촘해지고 복잡하게 얽히는 것을 말한다. 신생아의 뇌는 생후 몇 년 동안 계속해서 신경세포를 추가하고, 매초 100만 개 이상의 새로운 신경망을 형성하며 놀라운 속도로 성장한다. 사실 이는 필요한 정도를 넘어서는 수준으로, 그 결과 성인이 됐을 때와 비교해서 최대 2배 정도의 넉넉한 신경망이 구성된다.

이후 자극을 받는 신경망은 한층 강화되며, 사용되지 않는 잉여 신경세포들은 시냅스 가지치기synaptic pruning를 통해 아동기와 청소년기에 걸쳐 점차 제거된다. 즉 뇌는 환경이나 자극에 따라 퇴화나 발달 또는 정체를 거듭한다. 따라서 똑똑한 뇌, 높은 지능을 갖기 위해서는 신경망의 연결이 핵심이며, 그러려면 유아기에 다양한 환경과 자극에 노출되는 것이 중요하다.

한편 대뇌 피질 주름은 출생 전 급격하게 성장해 신생아 초기에 대부분 형성되며, 5세까지 증가하다가 이후 조금씩 감소하는 경향을 보인다. 그래서 성인의 뇌는 신생아에 비해 크기는 커도 주름의 양은 비슷하다. 주름은 대뇌 피질 아래 강한 연결에 의해 만들어진 힘이 피질 영역들 사이를 서로 강하게 끌어당긴 결과 형성되는 것으로, 태아의 대뇌 피질 주름 생성은 초기 축삭 연결, 신경 성장 및 분화, 시냅스 생성 및 피질 간의 연결 등 여러 가지 과정과 관련이 있을 수 있다. 주름이 많아질수록 대뇌 피질 아래의 연결 구조인 백질도 발달하는데, 영유아기까지 발달한 후 비교적 안정적으로 유지되는 주름과 달리 백질의 연결성은 5세 이후에도 성인이 될 때까지 계속해서 복잡해지고 체계적인 모습을 갖춰간다.

연구에 따르면 인간의 뇌에서 수초화myelination는 20세에 이르러서야 완성된다.[3] 신경세포 간 신호 전달의 통로가 되는 축삭은 정보를 원활히 전달해주는 마이엘린myelin이라는 인지질 성분의 막으로 싸여 있는데, 마이엘린 수초가 축삭에 감겨 자극의 전달 속도를 빠르게 해주는 현상을 수초화라고 한다. 수초화는 생의 발달 시기에 따라 후두엽에서 전두엽 방향으로 점차적으로 진행된다.

사용할수록 성장하는 뇌의 원리

그렇다면 20세 이후에는 뇌의 성장이 멈출까? 5세까지 폭발적인 성장을 하던 뇌는 이후 점차 성장이 더뎌지는데, 이는 대뇌 피질의 표면, 두께, 주름을 통해 분석할 수 있다. 322명의 일반인을 대상으로 한 연구에서 20~85세의 기간에 걸쳐 대뇌 피질의 앞선 세 가지 조건을 측정해본 결과 표면, 두께, 주름 모두 20세 이후부터 생애 주기마다 조금씩 감소했음을 확인할 수 있었다. 또한 전두엽, 두정엽, 측두엽, 후두엽 등 뇌 각각의 영역에서 조금씩 다른 비율로 감소했다. 성인이 된 이후에는 뇌가 조금씩 퇴행한다는 이야기다.

물론 무조건 퇴행만 하는 것은 아니다. 최근 연구를 보면, 뇌는 사용하면 할수록 새로운 뇌가 생성된다고 한다. 이를 '뇌 가소성'이라고 하는데, 뇌의 신경세포 일부가 죽더라도 신경망들의 숫자, 강도, 형태를 조절함으로써 그 기능을 다른 신경세포가 대신한다는 개념이다. 부상이나 외부 자극으로 생긴 뇌의 변화를 보상하기 위해 새로운 연결을 형성하는, 뇌의 자연스러운 능력이다. 뇌졸중이나 외상 트라우마로 뇌의 특정 부분에 손상이 일어났을 경우, 뇌의 손상되지 않은 부분은 손상을 입은 부분이 일반적으로 수행하는 기능을 인수하는 방법을 배운다.

길이 없던 숲속에서 같은 곳을 계속 왔다 갔다 하면 길이 생기는 것처럼, 신경세포들의 연결 또한 일상의 반복적인 행동으로 생성된다. 이는 뇌의 발달이 성인이 된 이후에도 지속적으로 변화한다는 근거가 된다. 뇌는 사용할수록 활성화되고 그래야만 퇴화하지 않는다. 치매 예방을 위해 운동이나 뜨개질, 심지어 고스톱을 권하는 것도 다 이 때문이다.

물론 유전도 중요한 역할을 한다. 하지만 자극과 무관하게 형성된 초기의 시냅스도 사용하지 않으면 가지치기를 통해 제거된다. 자주 사용될수록 물리적 의미에서 더 강해지며, 더 많은 가지로 서로 연결됨으로써 보다 강력한 네트워크가 된다. 인지 훈련을 통해 신경세포 네트워크가 더 정교히 연결되고 복잡해지는 것이다. 이처럼 뇌는 외부 자극과 같은 환경적 요소들로 신경세포 간의 시냅스 연결을 강화함으로써 새로운 신경회로를 구축해 배우고, 기억하고 성장한다.

● ○ 함께읽기

새해 계획은 왜 항상 실패할까?[4]

많은 사람이 새해 계획을 세운다. 올해는 다이어트와 건강관리가 60퍼센트 정도로 가장 많고, 자기계발, 외국어 공부 등이 뒤를 잇는다고 한다. 하지만 80퍼센트 정도는 3개월도 지속하지 못하며, 작심삼일로 끝나는 사람도 16퍼센트나 된다.

그래서 새해 계획을 지속하기 위한 방법이 많이 나오고 있다. 의지를 굳게 가지라, 목표를 구체적으로 정하라, 목표를 과도하게 잡지 말라, 우선순위를 정하라, 동기를 명확히 하라 등등. 실행만 하면 좋은 권고가 많지만 대부분 지속하지 못한다. 왜 이럴까?

인간은 대부분 자신의 행동을 쉽게 조절하지 못한다. 나이 들수록 더 그렇다. 생각이나 행동은 뇌에서 나오는데, 고령인의 뇌는 젊은이보다 딱딱해 뇌 기능이 쉽게 바뀌지 않기 때문이다.

생각이나 행동은 뇌 신경망 연결에 의해 결정된다. 같은 생각이나 행동을 반복하면 관련 뇌 신경회로 사이의 고리인 시냅스가 더욱 잘 연결돼 특정 패턴이 형성된다. 강화된 신경망의 특정 패턴과 관련된 행동은 크게 힘들이지 않아도 쉽게 표현된다. 즉 반복적으로 생각하고 행동하면 특정 뇌 신경 연결이 강화돼, 외부 자극에 쉽게 반응해 습관화되는 것이다. '세 살 버릇 여든까지 간다'라는 말이 틀리지 않는다.

스펀지가 물을 흡수하듯이, 뇌 신경회로는 어릴수록 자그마한 자극에도 쉽게 바뀐다. 이렇게 만들어진 신경망이 결국 생각이나 감정, 행동을 만들고 성격까지도 형성한다. 그러기에 어릴 때 부모·또래 관계 등 주위 환경이 뇌에 지대한 영향을 끼친다. 따라서 폭력·비행·중독·충동적 행동 같은 사회문제를 줄이려면 어릴 때부터 건강한 대인관계를 만들 수 있는 환경을 마련해주어야 한다.

대부분의 새해 계획은 자신의 습관을 바꾸고자 하는 것이다. 운동, 금주, 금연, 다이어트 등등. 뇌 측면에서 보면 이미 오랫동안 강화된 신경망 기능을 바꾸는 일이다. 그것도 어릴 때부터 습관화된 행동을 나이가 들어 바꾸려 하니 쉬울 리 없다. 며칠간 마음을 다져 먹고 시작하지만, 결국 얼마 지나지 않아 습관화된 행동으로 돌아가게 된다.

과거에는 뇌가 특정 시기에 발달하고 어른이 되면 퇴화해 신경세포가 더는 만들어지지 않는다는 게 정설이었다. 그러나 최근 연구에 따르면, 죽을 때까지 외부 자극에 끊임없이 반응해 신경세포가 새로 만들어지면서 신경망 연결도 바뀐다고 한다. 이 같은 새로운 외부 자극으로 뇌 기능이 바뀌는 '뇌 가소성'이 치료와 재활에도 활용되고 있다.

따라서 새해 계획에 성공하려면, 반복적이고 지속적인 행동을 통해 연결망이 바뀌는 뇌 가소성이 생겨야 한다. 연결망이 많이 생길수록 습관화된 행동을 힘들이지 않고 자연스럽게 바꿀 수 있다. 오랫동안 만들어진 강화된 신경망과 새로 생긴 연결망의 싸움으로 규정할 수 있다. 오랫동안 만들어진 강화된 신경망이 대부분 승리한다. 매년 새해 계획이 실패하는 이유다.

새해 계획에 성공하려면 강화된 신경망을 바꿀 정도로 힘을 키우는 수밖에 없다. 신경망을 새로 만들려면 새로운 행동을 꾸준히 해야 한다. 반복 행동이 관건이다. 행동을 반복할수록 뇌 가소성이 쉽게 일어나기 때문이다. 그러려면 보상이 중요하다. 그래야 의지가 생긴다. 새해 계획은 짧은 시간이라도 반복하면서 매일 작은 보상이 있도록 과도하게 설계하지 말아야 한다. 외부에서 주든 자기 만족감이든, 보상을 통해 새로운 행동을 하는 힘을 키워 오랫동안 형성된 습관을 바꿔야 한다. 새로운 행동을 어느 정도 지속하면 신경망이 새로 만들어져 새로운 습관을 힘들이지 않고 지속할 수 있다.

새해 계획에 성공하는 가장 간단한 방법은 한 가지 목표를 구체적으로 정해 매일 짧은 시간이라도 반복하면서 즐거움을 느끼는 것이다. 목표를 어느 정도 지속하면 이를 쉽게 유지할 수 있다. 올해의 새해 계획이 내년의 새해 계획이 되지 않도록 작은 것부터 반복적으로 노력해 행복한 한 해가 되길 바란다.

유전 VS 환경,
뇌에 관한 진실과 오해

언어와 관련한 뇌의 결정적 시기

뇌의 신경망은 생애 시기별로 발달을 달리하는데, 이는 시냅스의 형성 속도를 통해 측정할 수 있다. 특히 청각·시각·촉각 등 감각을 담당하는 신경망은 태아 때부터 조금씩 연결성이 증가하다가, 신생아 시기에 급속도로 성숙한다. 이런 감각 기능은 유아기 초반 외부로부터 들어오는 자극에 반응할 수 있게 해준다. 또한 유아기 때는 사회적 상호작용을 위한 언어 관련 신경망이 증대되며 장기간에 걸쳐 성숙을 거듭한다. 이후 판단력·동기부여·자기 통제·문제 해결·의사소통을 비롯해 철학적 사고와 같은 더욱 높은 수준의 고위 인지 기능에 대한 뇌 연결이 형성되며, 이는 정보를 처리하고 학습을 하는 데 영향을 준다.

이와 관련해 가장 많은 관심을 받는 부분은 바로 언어의 발달 시기일 것이다. 그중 미국 언어학자 에릭 레너버그Eric Lenneberg가 주장한 결정적 시기 가설critical period hypothesis이 오늘날 폭넓게 받아들여지는 개념이다. 다른 생물학적 기능처럼 모국어를 비롯해 다양한 국가의 언어를 습득하는 데에도 최적의 시기가 존재한다는 내용이다.

레너버그의 가설은 오스트리아의 동물행동학자 콘라트 로렌츠Konrad Lorenz의 저서『솔로몬의 반지Er redete mit dem Vich, den Voegeln und den Fischen』에 실린 동물 관찰 실험에서도 그 근거를 찾아볼 수 있다. 로렌츠는 인공부화로 갓 태어난 기러기들이 처음 본 대상인 자신을 본능적으로 어미 기러기로 인식하고 따라다니는 것을 관찰하게 됐다. 기러기들은 세상에 태어나서 처음 본 로렌츠를 어미로 각인imprinting해버린 것이다. 로렌츠는 이로부터 모든 생물은 모두 정해진 시기에 받아야 할 자극이 존재한다는 결론을 도출했다.[5] 이처럼 뇌의 발달 시기는 동물을 통해 처음으로 존재가 증명됐고, 오늘날에는 인간에게도 존재한다는 것이 유력해졌다.

신생아는 생후 6개월에 이르면 뇌 속에 언어 음성에 대한 지도가 만들어지고, 만 2세 때는 단어를 조합해 문장까지 만들 수 있게 된다. 이런 능력은 모국어뿐만 아니라 외국어를 익힐 때도 요구되기에, 이때 많은 자극을 주는 것이 도움이 된다. 이런 언어 기능은 5세부터 조금씩 저하되기 시작해 10세에 이르면 상당히 낮아지는데, 이에 따르면 외국어를 습득하는 시기는 5세부터 10세 사이가 가장 결정적이다. 외국어를 모국어처럼 사용하기 위해서는 10세 이전에 습득해야 한다는 얘기다. 실제로 10세를 넘길 때까지 첫 언어 자극을 접하지 못한 사람은 그 시기에 자극에 노출된 사람들보다 습득이 어렵다고 알려져 있다.

미국은 여러 인종과 국적이 모여 있는 나라인 만큼, 제2 외국어로서의 영어 습득에 대한 연구를 다양하게 진행한다. 2003년에는 미국 이민자 집단 중 가장 비중이 높았던 중국어·스페인어 모국어 구사자들의 영어 습득 수준에 대한 연구가 이뤄졌는데, 이에 따르면 외국어에 늦게 노출될수록 습득 수준이 떨어졌다.[6] 하지만 외국어를 늦게 배웠더라도 교육받은 기간이 길면 습득 수준이 높아졌다. 언어는 나이가 든 후에도 교육을 통해 배울 수 있다는 희망을 주는 결과라고 할 수 있다.

유전과 환경, 무엇이 핵심인가

뇌는 유전과 환경, 둘 중 어느 쪽의 영향을 더 많이 받을까? 유전이란 신체적 외모에서 성격 특성에 이르기까지 내가 누구인지에 영향을 미치는 모든 요인을 말한다. 반면 환경이란 부모나 사회적 관계, 유아기 경험, 주변 문화와 같이 일상적으로 노출되는 다른 요인들을 일컫는다. 유전과 환경의 영향을 둘러싼 논쟁은 인간의 발달 과정 외에도 여러 학문에서 다루는 오래된 문제 중의 하나다.

이와 관련해 영국 뇌과학자들이 수행한 연구는 영양 결핍과 같은 환경적 요소가 뇌의 발달에 미치는 영향을 보여준다. 제2차 세계대전 후 루마니아는 독재자 니콜라에 차우셰스쿠Nicolae Ceaușescu에 의해 왕조 국가에서 공산주의 국가가 됐다. 차우셰스쿠는 지독한 인구 증가 정책을 폈는데, 여성 1인당 4명의 아이를 강제로 출산하도록 했으며 낙태 또한 금지했다. 결국 식량난과 빈곤 속에서 많은 아이가 버려졌고, 이들은 보육원에서 자라다가 이후 독재 정권의 붕괴와 함께 영국을 비롯한 다른 나라로 입양됐다.

루마니아에서 영국으로 입양된 아이들은 보육원에서 자라며 영양 결핍 상태에 있었던 경우와 곧바로 입양된 경우로 나눌 수 있었는데, 비교 결과 뇌 발달에서 현저한 차이를 보였다. 보육 시설에 있다가 입양된 아이들의 상당수는 영양 부족에 시달렸고 저체중이었으며, 성장 후에도 전체 뇌 용적이 작았고 오른쪽 아래 전두엽 이랑의 면적과 부피가 모두 줄어들어 있었다. 이는 지능지수intelligence quotient, IQ 저하와 주의력결핍과잉행동장애attention deficit hyperactivity disorder, ADHD 증상의 심각도와도 연관되어 있었다.

반면 오른쪽 아래 측두엽 이랑의 대뇌 피질 두께, 면적, 부피는 늘어나 있었고 영양 결핍 기간이 길수록 오른쪽 중앙 전전두엽prefrontal cortex의 면적과 부피 또한 커져 있었다. 전두엽이 제 기능을 못 하는 것에 대한 보상으로 뇌의 다른 부위가 커졌다고 할 수 있다. 어릴 때 필요한 발달 환경을 제대로 제공받지 못한 결과 성인기 뇌에까지 영향이 미친 것이다. 뇌와 환경의 명확한 상관관계를 보여준 결과라고 할 수 있다.

정상적인 발달에 환경이 얼마나 중요한지를 강조한 연구로는 미국의 심리학자 해리 할로Harry Harlow가 원숭이를 대상으로 시행한 모성 분리 및 사회적 고립 실험이 유명하다. 할로는 갓 태어난 원숭이를 어미와 떨어뜨린 후 두 개의 가짜 어미와 함께 두었다. 하나는 철골 구조물로 되어 있고 우유를 주는 가짜 어미이고, 다른 하나는 우유는 주지 않지만 따뜻한 천으로 만들어진 가짜 어미였다. 새끼 원숭이는 차가운 철골 어미에게는 우유를 먹을 때만 갈 뿐, 대부분의 시간을 천으로 만들어진 어미와 붙어 지냈다. 식욕보다는 따뜻한 엄마의 품이라는 자극을 찾도록 뇌가 프로그램되어 태어난 것이다.

후속 연구에서 할로는 새끼 원숭이를 태어나자마자 어미와 원숭이 사회로부터 격리해 홀로 두었다. 격리 기간은 원숭이마다 다양했는데, 길게는 15년에 이르렀다. 환경 자극을 박탈당해 사회화가 이뤄지지 않은 채 자란 새끼 원숭이는 무리로 돌아가서도 어울리지 못했다. 사람으로 치면 정신질환에 해당하는 반복 행동이나 폭력 및 자해, 자폐와 같은 이상 행동을 보이다가 결국에는 죽었다.

오늘날 할로의 원숭이 실험은 매우 비윤리적이라고 평가될 수도 있다. 그렇지만 영국의 정신분석학자 존 볼비John Bowlby가 주창한 애착 이론의 토대가 되는 등 사회적 동물의 초기 발달에서 접촉과 환경의 중요성을 증명한 매우 중요한 연구라고 할 수 있다. 이를 통해 뇌 발달 초기의 사회적 자극이 어떤 의미를 갖는지와 사회화 발달 과정에서의 결정적 시기에 대한 개념이 정립됐기 때문이다.

오늘날에는 뇌가 60~70퍼센트는 유전적 영향을, 30~40퍼센트는 환경적 영향을 받는 것으로 알려져 있다. 결국 뇌는 유전적 요인만큼 환경의 영향을 받으며 발달한다. 특히 무리를 이뤄 집단을 형성해야 하는 고등동물일수록 개체들 사이의 소통, 사회 질서의 공유 및 전파 등 여러 차원에서 환경의 영향을 강하게 받는다.

정신질환, 누구나 겪을 수 있는 병

뇌의 발달에 유전적 요인이 영향을 미치는 것처럼 정신질환 또한 유전이 될까? 생활 환경의 변화로 무기력증, 수면장애, 불안증, 우울증은 현대인들에게 흔히 찾아볼 수 있는 질병이 됐다. 특히 오늘날에는 다른 사람들과의 소통에서 정신적·심리적 고통을 겪는 사람들이 굉장히 많다. 이런 현상에는 끊임없이 경쟁해야 하는 사회적 분위기나 경제적인 어려움, 개인화된 사회 등 여러 원인이 존재한다.

미국 드라마 〈블랙 미러〉의 '추락Nosedive' 에피소드는 인간조차 평점으로 매겨지는 세계를 배경으로 한다. 이 사회에서는 평판, 사회적 위치, 신용 등의 모든 것을 평점이 대체하기 때문에 평점이 낮아지는 순간 사회적 불이익을 당한다. 사람들은 평판을 올리기 위해 가식적인 웃음을 건네고 비위를 맞추는 등 피곤한 삶을 사는데, 이는 현대 사회를 살아가는 우리 모습을 떠올리게 한다. 직접적인 평점은 아닐지라도 주위의 시선 때문에 본연의 모습을 숨기고 좋은 모습을 꾸며내느라 정작 자신은 강박과 불안에 사로잡혀 우울감을 겪는 것이다.

이처럼 정신질환 문제에서 환경적인 요인은 큰 영향을 미친다. 하지만 정신질환은 환경 또는 유전 어느 한쪽의 편중과 상관없이, 서로 간의 상호작용을 통해 충분히 대처할 수 있는 문제이기도 하다.

세모 사탕과 동그라미 사탕으로 채울 수 있는 유리병이 있다고 하자. 병이 다 차면 정신질환을 앓게 된다. 세모 사탕은 스트레스, 재정 및 가족 문제와 같은 환경적 요인을, 동그라미 사탕은 타고난 유전적 요인을 뜻한다. 유리병은 사람마다 모두 다른 속도, 비율로 채워진다. 모든 사람은 정신질환에 대한 유전적 취약성을 어느 정도는 가지고 있으며, 정신질환마다 유전 및 환경적 요소가 병을 유발하는

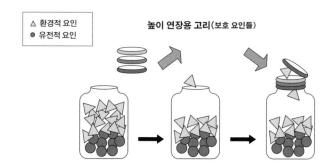

높이 연장용 고리(보호 요인들)

정신질환의 유전적 취약성을 보완하는 법: 환경적 스트레스를 제거하거나, 아니면 고리로 병의 높이를 연장하여 더 많은 환경적 스트레스를 견딜 수 있게 해야 한다.

기여도도 각기 다르다.

이런 상황에서 정신질환을 예방하는 방법은 무엇일까? 결국 유리병의 높이를 높여주는 방법이야말로 최선의 해결책이다. 수면, 영양 섭취, 운동 등 환경적 요인을 개선함으로써 병의 연장용 고리들을 높이 쌓아 정신질환의 유발을 막고 회복을 촉진하는 것이다. 실제로 회복탄력성resilience이 높은 사람들은 여러 보호 요인을 통해 높은 한계선을 가지고 있다.[7]

이렇듯 모든 것은 유전과 환경의 복잡한 상호작용을 통해 완성된다. 특정 유전자 X가 행동 Y를 유발한다고 단정적으로 가정할 수도 없고, 어떤 상황 X에 노출됐다는 전제 하나로 행동 Y가 연속된다고 단언할 수도 없다. 모든 경우에서 유전자와 환경적 요소는 직접적·간접적으로 상호작용함으로써 행동을 변화시키고 궁극적으로 뇌에 영향을 미친다.

뇌가 유전과 환경 중 어느 하나의 영향을 더 많이 받는다는 이분법적인 사고는 실제 뇌의 현상과는 상당히 어긋나는 이야기일 뿐이다. 뇌는 발달의 결정적 시기가 정해져 있는 것처럼 선천적으로 타고나는 유전의 영향을 분명히 받지만 환경 자극이라는 후천적 요소의 영향이 매우 큰, 유전과 환경이 상호작용하는 기관이다.

2부_____

나를
아프게 하고

타인을

위협
하는   뇌

정신질환에 대한 편견 문제에서 누구도 예외일 수 없다. 누구나 아플 수 있고, 비정상의 범주에 포함될 수 있다. 중요한 것은 해결책이 있다는 것이다. 혹시 마음이 아프고 괴롭다면 뇌를 살펴보자. 모든 답은 뇌 안에 있다.

마음의 문제에
지배당한 사회

비정상은 나의 문제인가, 뇌의 문제인가

우리는 평소 너무나 쉽게 비정상적이라는 말을 한다. 하지만 과연 '정상normality'과 '비정상abnormality'을 명확하게 구분할 수 있을까? 세계보건기구WHO에서는 정상을 '신체적, 심리적, 사회적으로 완전히 잘 지내는 상태'라고 본다. 정신건강의학과에서 말하는 정상 또한 '한 사람의 행동이나 성격적 특성이 전형적이거나 적절한 표준에서 벗어나지 않아서 받아들일 만한 수준'을 의미한다. 단순히 말하자면 의학적으로 정상이란 아프지 않은 상태, 비정상이란 아픈 상태를 이야기하는 것이다. 그리고 대부분 사람은 이런 정의를 수긍한다. 하지만 현실에서 맞닥뜨리는 많은 상황에서 정상과 비정상을 구분하기란 쉽지 않다.

정신의학에서는 우울, 불안, 불면 등의 분명한 정신과적 증상을 가진 환자보다 대인관계 등의 문제로 병원을 찾아온 사람을 진단하는 데 어려움이 훨씬 크다고 말한다. 여러 내·외과적인 질환과 달리 정신과적 질환에 대해서는 명확한 진단법이 딱히 없기 때문이다. 뼈가 부러지면 엑스레이를 찍고, 백혈병이 의심되면 혈액 및 골수 검사 등을 통해 정상 여부를 확진할 수 있다. 그렇지만 마음의 문제를 정상과 비정상으로 단언하는 것은 무척 조심스러운 일이다. 다행히도 오늘날에는 뇌 영상술의 발달로 뇌에 대한 이해가 깊어졌고, 살아 있는 뇌를 검사해 정상과 비정상을 구분하는 방법도 다양해졌다.

일반적으로 정상과 비정상을 나누는 기준에는 몇 가지가 있다. 먼저 건강이다. 쉽게 말해, 건강하면 정상이고 건강하지 않으면 비정상적이다. 즉 정상이란 병적인 증상이 없는 상태로, 예를 들어 통증이 없는 상태, 불면증이 없는 상태 등을 정상으로 판단한다. 또한 성장과 변화가 있어야 한다. 이는 발달학적 관점에서 바라본 정상의 정의로, 대소변을 잘 가리던 아이가 동생이 태어난 후 어린 시절의 행동으로 돌아간다면 정상이 아닌 것이다.

마지막 기준은 통계적인 평균치의 개념이다. 통계는 현대 의학에서 정상과 비정상을 판단할 때 가장 흔히 사용하는 방법이다. 예를 들어 치매 환자들의 뇌는 비슷한 나이의 대다수 사람보다 뇌의 크기, 특히 해마의 크기가 작아져 있기에 이를 비정상이라고 판단한다. 종 모양의 정규분포 그래프에서 평균과 가까운 곳에 있는 대부분 사람과 달리 표준편차가 두 배 이상 차이 나는 양극단에 있는 사람들을 비정상으로 보는 것이다. 이른바 눈 하나 있는 원숭이 집단에서는 눈 두 개 있는 원숭이가 비정상인 것과 같다.

통계적 측면에서 정상을 논할 때는 문화적인 영향을 많이 받는다. 어떤 집단에서 많은 사람이 하는 행동 양식이나 생각 등이 정상적이라고 할 수 있다. 예를 들면, 일반적으로 우리나라를 비롯하여 동양 문화는 서양 문화에 비해 좀 더 내향적인 문화다. 자신을 드러내지 않고, 수줍어하며, 기분도 평균적으로 약간 차분한 편이다. 이에 비해 서양에서는 자신을 드러내는 것을 좋아하고, 남들에게 자신을 어필해야 한다는 생각이 강하며, 평소의 기분도 평균적으로 약간 쾌활한 편이다. 외향적 사회이고 이런 기준이 표준규

범norm이 되는 경우가 많다.

몇 시간씩 걸리는 버스나 열차 여행에서 모르는 사람과 같이 가는 경우 대부분의 한국 사람은 목적지에 도착할 때까지 서로 이야길 나누지 않는다. 이에 비해 서양 사람들, 특히 미국 사람들은 자리에 앉자마자 서로를 굉장히 잘 알고 있는 것처럼 이야길 시작하여 목적지에 도달할 때까지 대화가 끊이지 않는다. 대화 내용이라고 해봐야 자기 집 강아지나 고양이 이야기에서부터 시시콜콜한 생활 속 이야기가 전부다. 그러다가 목적지에 도착하면 아무 일 없었다는 듯이 서로 헤어져 제 갈 길을 간다.

이것만 봐도 동서양의 문화 차이를 느낄 수 있다. 만약 한국에서 옆자리 사람이 자꾸만 말을 건다면, 그 사람은 약간 기분이 떠 있는 사람 또는 가벼운 사람으로 치부될 수도 있을 것이다. 그리고 서양에서 내릴 때까지 한마디도 하지 않는 사람이 있다면, 아마도 우울 증상을 가지고 있다고 여겨질 수도 있을 것이다. 하지만 두 경우 모두 정상적인 사람들일 것이므로 그만큼 정상, 비정상을 판단하기란 쉽지 않은 일이다.

또 다른 예로, 코로나19COVID-19 발발 이전까지만 하더라도 마스크를 착용하는 것은 통계적으로 비정상이라고 간주될 수 있었다. 하지만 요즘에는 마스크를 착용하지 않는 것이 비정상으로 취급받는다. 정상의 기준 자체가 바뀐 것, 이른바 '새로운 정상new normal'이 등장한 것이다.

앞서 이야기했듯이 뇌는 일종의 정보처리 기관이다. 눈·코·귀·피부와 같은 감각기관을 통해 매 순간 수많은 정보를 받아들이고, 이 정보는 대부분 뇌로 옮겨져 신경세포를 통해 처리된다. 그중 눈으로 들어온 시각 정보는 뇌로 전달되어 변형·압축·선택·저장이라는 일련의 과정을 거치는데, 이때 중요한 정보와 관련된 신경세포만 활성화되기에 그렇지 않은 외부 풍경 등은 무시된다. 즉 뇌는 신경세포의 활성으로 세상을 인지하므로, 실제 외부 세상보다는 뇌가 이를 어떻게 인지하느냐가 더 중요하다.

뇌졸중으로 오른쪽 두정엽이 손상된 환자는 그림을 그릴 때 왼쪽의 사물을 누락한다.[8] 양쪽 눈 모두 시력은 정상일지라도 뇌가 손상돼 왼쪽의 사물이 보이지 않기 때문이다. 이 환자에게 왼쪽의 세계는 존재하지 않는다. 결국 실재하는 세상보다 우리의 뇌가 받아들이는 세상이 더 중요한 것이다. 즉 현실이란 뇌가 받아들이고 처리하는 정보다.

오른쪽 뇌 손상 환자는 왼쪽 부위를 보지 못하여 물체의 왼쪽 부분을 그리지 못한다.

그리스 로마 신화의 오이디푸스는 아버지를 죽이고 어머니와 결혼할 것이라는 신탁을 피하지 못한 결과, 스스로 장님이 된 비극적인 인물이다. 그의 삶을 많은 철학자가 자유의지와 운명에 대한 열띤 토론의 주제로 삼았고, 오늘날에는 뇌와 관련된 물음으로도 이어진다. 과연 자유의지에 의한 내가 문제일까, 타고난 뇌가 문제일까?

미국의 철학자 로버트 케인Robert Kane과 같이 자유의지론

libertarianism을 믿는 사람들은 생각이나 행동을 스스로 자유롭게 정할 수 있다고 봤다. 그런데 이와 달리, 18세기 프랑스의 계몽 사상가 배런 돌바크Baron d'Holbach를 비롯해 결정론hard determinism을 믿는 사람들은 의지와 행동을 비롯한 모든 일이 인과관계에서 비롯된다고 봤다. 모든 일은 앞선 일이 원인이 되어 결과적으로 일어난 것뿐이다. 오늘날로 보면 인간의 행동은 뇌의 활동으로 설명될 수 있고, 뇌의 활동은 뇌 신경세포의 신호 전달로 설명할 수 있다는 것이다. 즉 자유의지론자들에게는 내가 문제, 결정론자들에게는 뇌가 문제인 것이다.

실제 현대 정신의학에서는 감정을 느끼고 행동하는 것 모두 뇌에 의해 이뤄진다는, 결정론에 가까운 입장을 취한다. 우리가 의식적으로 인식하기 전에 뇌가 일종의 무의식적인 활동을 시작하기 때문이다. 즉 자유의지가 발동하기 전에 이미 뇌의 결정에 따라 반응을 한다는 뜻이다. 이에 따라 정상과 비정상에 대해서도 뇌에 문제가 있으면 비정상, 문제가 없으면 정상으로 정의한다.

뇌의 문제로 일어난 끔찍한 사건들

몸이 아프다는 것은 여러 내·외과적인 질환을 겪고 있다는 의미다. 그렇다면 마음이 아프다는 것은 무엇을 의미할까? 마음이란 무엇이며, 뇌와 마음은 어떤 상관관계를 지닐까? 피질 아래에는 흔히 '감정의 뇌'라고 부르는 변연계가 자리하고 있다. 뇌 깊숙이 있는 만큼 진화적으로 굉장히 오래된 부위다. 변연계는 대뇌와 간뇌diencephalon의 경계를 따라 시상thalamus과 시상하부hypothalamus, 편도체 등으로 이뤄진 기능적 시스템이다. 여기에 문제가 생기면 기억을 잃거나 학습·집중·감정 조절 능력에 손상이 오고, 심지어 두려움을 느끼지 못할 수도 있다.

그중 우르바흐-비테 증후군Urbach-Wiethe disease은 유전체 이상으로 생기는 병으로, 뇌의 편도체가 점점 위축되는 병이다. 감정을 처리하는 기관인 편도체가 제 기능을 하지 못해 두려움을 전혀 느끼지 못하며, 그런 마음의 문제가 뇌의 문제로 유발된 것이다.

미국 텍사스오스틴대학교의 공대생이었던 찰스 휘트먼 Charles Whitman이 일으킨 총기 사건 또한 뇌의 문제가 야기하는 문제점을 보여준다. 총을 좋아하는 아버지 때문에 어릴

적부터 총에 관심이 많았던 휘트먼은 1966년 8월 1일 교내 시계탑 전망대에 올라가 96분 동안 무차별적인 조준 사격으로 수많은 인명 피해를 발생시켰다. 집에서 아내와 어머니를 먼저 사살한 뒤 범행을 시작한 것으로 밝혀졌는데, 총 15명이 사망하고 31명이 부상당한 것으로 기록되어 있다. 휘트먼은 결국 현장에서 경찰의 총에 맞아 사망했다. 이는 33명이 사망하고 29명이 부상당한 2007년 버지니아 공대 총기 사건 전까지 미국 학교 내에서 일어난 최악의 총기 사건이었다.

당시 휘트먼의 노트에서는 자신을 이해할 수 없으며 이상한 생각이 들어 고통스럽다는 등의 메모가 발견됐는데, 이후 부검을 통해 감정을 조절하는 편도체에 커다란 종양이 있었다는 사실이 밝혀졌다. 이 사건은 범죄와 정신질환 사이의 연관성에 대해 논쟁이 촉발하는 계기가 됐다.

한편 소아기호증을 앓았던 한 40대 남자 교사의 사례도 뇌와 행동의 상관관계에 대한 물음을 던져준다. 평소 소아 포르노에 과도하게 집착하던 그는 입양한 딸을 성폭행해 교도소에 수감됐고, 재활 치료 중 여직원들에게 부적절한 성적 충동을 보이는 모습과 함께 인지 기능의 이상이 보였다. MRI를 통해 뇌를 분석한 결과 충동 조절을 담당하는 안와전두피질orbitofrontal cortex에서 종양이 발견됐고, 종양 제거 수술 후 놀랍게도 소아기호증 증상들이 모두 소실됐다. 하지만 수년 뒤 종양의 재발과 함께 소아기호증 증상 또한 다시 나타나고 말았다.[9]

IQ 185의 수재이자 유능한 패션 잡지의 작가였던 피터 브라운스타인Peter Braunstein의 이야기도 유명하다. 그는 2005년 핼러윈데이 때 뉴욕 맨해튼 첼시의 한 아파트에 연막탄을 터뜨리고 그 틈을 타서 전 직장 동료를 13시간 동안 감금 및 성추행했다. 이 혐의로 미국 전역에 공개 수배가 됐으며 6주 만에 체포됐다. 재판 과정에서는 〈악마는 프라다를 입는다〉의 실제 모델인《보그Vogue》편집장 애나 윈터Anna Wintour를 살해하려던 계획까지 밝혀지며 더욱 유명세를 타기도 했다.

변호를 맡은 뉴욕 마운트시나이 의과대학의 정신과 의사 몬테 북스바움Monte Buchsbaum은 브라운스타인이 망상성 조현병으로 애초부터 범죄를 저지르고자 하는 '범행 의도'를 형성할 수 없었다고 변론했다. 북스바음 교수는 미국 국립정신건강연구소NIMH의 소장을 지냈고, 양전자단층촬영술PET을 이용하여 조현병에서 전두엽 기능의 감소를 처음으로 밝혀낸 유명한 정신과 의사다. 양전자단층촬영술로 찍은 브라운스타인과 일반인의 뇌 비교 단면 영상이 증거물이었다. 일반인은 뇌의 전두엽이 활성화되어 있지만 브라운스타인은 그렇지 않다는 이유였다. 전두엽은 행동의 계획 및 수행, 도덕적 판단 등의 기능을 관장하는 부위로, 조현병으로 전두엽 기능이 저하된 결과 '의도 없는' 범행을 저질렀다는 것이다.

하지만 검찰은 여러 정황적 증거를 통해 범행 준비와 실행, 탈출에 이르는 일련의 과정에서 브라운스타인이 의식적으로 범죄를 계획했으며, 범행 동기도 뚜렷했다고 주장

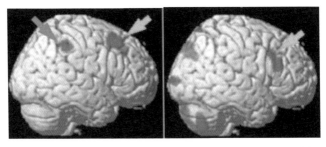

조현병 환자의 PET 사진: 작업기억 중 전두엽-두정엽의 신경 연결이 잘되어 활성이 잘되고 있으나(왼쪽), 조현병 환자의 경우 연결성이 떨어져 전두엽과 여러 부위에서 조금씩 이상 활성이 일어나고 있다(오른쪽).

했다. 그렇게 4시간에 이르는 재판 결과 배심원은 끝내 유죄 판결을 내렸다. 뇌 영상술 자료만으로는 범죄를 의도할 능력을 상실했음을 받아들일 수 없다는 것이 그 이유였다. 무의식의 상태에서 13시간 동안 범죄를 지속했다는 것 또한 이해하기 힘든 점이었다.

그렇게 첨단 신경생물학은 너무나 상식적인 판단 앞에 패했다. 하지만 브라운스타인 사건은 신경생물학적인 발견을 법적 해석에 적용하려는 신경법학이 발달하는 데 중요한 계기가 됐다.

정신질환은 우리 모두의 문제다

뇌와 범죄의 상관관계에 대한 문제에서 연쇄 살인범에 대한 연구는 빼놓을 수 없는 주제다. 영구 미제 사건으로 남을 뻔했던 화성 연쇄 살인 사건의 범인 이춘재는 15건의 살인과 30여 건의 성폭행이라는 극악무도한 범죄를 저질렀다. 유영철 또한 1년이 안 되는 기간에 무려 20명을 살해해 사회에 커다란 충격을 안겼다. 모두 일관된 수법과 자신만의 표식을 남기는 등 연쇄 살인마의 공식을 그대로 따랐다.

이처럼 폭력성을 동반하는 이상 심리 소유자를 흔히 '사이코패스'라고 하는데, 사이코패스는 일상에서 사용하는 용어일 뿐 정신의학적인 진단명은 아니다. 보통은 '반사회적 인격장애'라고 진단되는데, 여기에는 감정적으로 냉담하고 타인의 고통에 둔감하면서 사회적 규범을 따르지 않고 자기중심적인 모습을 보이는 등 보다 포괄적인 개념이 담겨 있다. 일반적으로 반사회적 인격장애의 10~20퍼센트가 사이코패스에 해당한다고 알려져 있다.

이런 연쇄 살인범들과 일반인들의 뇌를 비교한 연구에 따르면 특히 전전두엽에서 큰 차이가 발견된다. 연쇄 살인범의 전전두엽은 활성이 저하되어 있으며, 해부학적으로도 용적이 감소된 소견을 보인다. 정신을 집중하게 하고 충동과 폭력을 억제하는 기능을 하는 전전두엽의 결함으로 충동과 폭력을 억제하지 못해 범죄를 저지르는 것이다.

이런 결과는 수감된 985명의 사이코패스 성향을 가진 범죄자들의 뇌 연구에서도 동일하게 도출됐다. 사이코패스 성향을 가진 사람들은 뇌 속 여러 네트워크의 연결성이 저하되어 있었는데, 특히 두려움을 느끼는 편도체의 연결성에서 문제가 발견됐다. 편도체는 감각기관에서 오는 정보를 받아 정보를 평가하고 그 결과를 대뇌의 전두엽으로 보내는 등 정서적인 경험에 매우 중요한 기능을 하는 부위로, 이는 그동안의 사이코패스 연구에서도 꾸준히 보고된 내용이기도 하다.[10]

그뿐만이 아니라 사이코패스 성향을 가진 범죄자들은 자극에 대한 반응을 조절하는 안와전두피질의 기능과 편도체를 비롯한 해마, 선조체 등 변연계의 기능도 광범위하게 저하되어 있다. 또한 대뇌 좌우 반구를 연결하는 뇌량의 용적도 축소돼 좌우 반구의 연결성에 문제가 있으며, 여러 사회적인 자극에 반응하는 내측 전전두엽 부위도 축소되어 있다. 이 외에도 뇌척수액cerebrospinal fluid 내부 세로토닌의 대사체인 하이드록시인돌아세트산hydroxyindoleacetic acid, HIAA도 저하되어 있다.

하지만 이 모든 범죄의 원인을 뇌의 탓으로만 돌릴 수 있을까? 2019년 4월 17일 진주의 한 아파트에서 방화 및 흉기 난동을 벌인 혐의로 무기징역을 선고받은 안인득의 사례는 많은 것을 생각하게 한다. 실제로 가족들은 조현병을 앓고 있던 안인득을 정신병원에 입원시키고자 했으나, 보호 의무자 없이 진단이나 강제 입원이 불가능한 법체계 때문에 아무런 조치를 취할 수 없었다고 한다. 결국 무고한 이웃 5명이 목숨을 빼앗기고 17명이 부상을 당한 후에야 안인득은 외부로부터 격리될 수 있었다.

이런 경우는 나의 문제라고도, 뇌의 문제라고도 할 수 없지 않을까? 우리 사회의 문제, 우리 모두의 문제이기 때문이다. 이제부터라도 보다 활발한 공론화가 이뤄져야 할 것이다.

● ○ 함께읽기

안인득 사건, 그 후 2년?[11]

지난 2021년 4월 17일로 '진주 안인득 사건'이 있은 지 2년이 지났다. 그는 진주의 한 아파트에서 생활하다가 자신의 집에 불을 지른 후 흉기를 휘둘러 아파트 주민 5명을 죽이고 6명에게 손상을 입혔다. 안인득은 조현병을 앓고 있었고, 주민들이 자신을 해치려고 한다는 피해망상 때문에 먼저 주민들을 공격한 것이다. 그는 이 사건을 일으키기 전에 이미 정신과 치료를 받았고, 공주치료감호소에서 정신 감정 후 보호관찰 3년 처분을 받은 적도 있다. 이후 한동안 정신과 통원치료를 받았으나 본인 거부로 정신과 치료가 지속되지 못했다. 결국 그는 대법원에서 무기징역을 선고받고 현재 복역 중이다.

당시 이 사건은 사회적으로 큰 반향을 일으켰다. '강남역 사건', '경북 경찰관 사망 사건', '임세원 교수 사건' 등으로 정신병 환자에 의한 사건이 연속적으로 일어났기 때문이다. 하지만 안인득 사건은 이미 충분히 예견됐고, 예방이 가능했던 사건이라는 점에서 이전 사건과는 차이가 있다. 가족들이 그를 치료시키기 위해 많은 노력을 했지만 법과 규정에 얽매여 입원을 시키지 못했다. 또한 사고가 나기 전 여러 번 폭행이나 행패를 저질러 주민들 신고로 경찰이 출동했으나 사건을 막지 못했다.

이 사건으로 국가가 정신질환 치료나 국민 안전에 어느 정도 책임을 져야 하는지에 대한 논란도 있었다. 그렇다면 2년이 지난 현시점에서 이런 논란이 어떻게 변화됐고, 국민 안전을 위해 제도는 어떻게 개선됐을까? 사건이 터지면 마치 당장에라도 해결할 것처럼 국회에서 봇물 터지듯 법안이 발의되고 정부도 이를 해결하기 위해 많은 대책을 내지만, 돌이켜보면 변화가 거의 없는 경우가 대부분이다.

이 사건 역시 마찬가지로 보인다. 지금도 2년 전 상황이 된다면 똑같은 결과가 반복될 것이다. 치료를 위해 가족이 할 수 있는 방법은 없고, 경찰은 환자를 응급실까지 데리고 가기를 꺼릴 것이며, 응급실에 가더라도 규정 때문에 입원시키기 어려울 것이다. 환자가 치료를 거부하고 병원에 가지 않으려고 할 때는 속수무책이다. 경찰이나 소방관이 출동해도 당시 폭력적이거나 자해 행동을 보이지 않는다면 강제로 병원에 데려가기 어려운 경우가 대부분이다. 사설 업체를 통해 병원 응급실에 가더라도 불법으로 데리고 온 경우라 치료를 위해 입원시킬 수가 없다. 이러니 가족의 고통은 말로 표현하기 어렵다.

이러한 상황에서는 국가나 국가가 마련한 기관에서 판단해주는 것이 가장 좋은 방법이다. 이른바 '국가책임제'라고 하는 제도다. 이런 방법을 통해야만 환자도 회복 후 불만이 없고, 가족관계도 깨지지 않을 것이다. 치료를 위해 가족들이 수없이 노력했는데도 치료 시기를 놓치고 안타까운 사고를 낸 안인득의 문제는 국가가 책임져야 할 문제로, 현시점에서 다시 한번 되짚어볼 필요가 있다. 지금이라도 개인이나 가족에게 책임을 미루지 말고 국가가 나서서 이 문제를 진지하게 고민하고 현실성 있는 대책을 내놓아야 한다. '가장 강한 처벌을 내려달라'며 눈물을 흘리던 안인득 어머니의 눈물을 이제 국가가 닦아줘야 한다.

우울증, 삶을 뒤흔드는
슬픈 뇌

사회에 드리워진 우울증의 그늘

스트레스 등으로 정신건강이 악화됐을 때 뇌는 위험을 알리는 신호를 보낸다. 평소와 달리 불안하고 긴장되고 우울하거나, 사소한 일에도 짜증이나 분노가 일기도 한다. 수면 및 식욕 장애가 생기고 외부와 단절되어 자신을 고립시키거나 술, 담배 등의 중독이 극심해지는 것도 뇌가 보내는 신호 중 하나다. 과하게 위축되거나 죄책감을 느끼는 등 평소와 다른 행동 변화를 보이는 것도 마찬가지다. 모두 정신질환의 위험을 알리기 위해 뇌가 보내는 경고 메시지다.

　우리나라는 스트레스가 굉장히 많은 사회다. 이를 증명하기라도 하듯 우울증과 같은 정신질환을 앓는 사람이 해마다 늘어나고 있으며, 그중에서도 10~20대에서 가파른 증가세를 보인다. 특히 20대는 불확실한 미래에 대한 불안과 압박, 취업에 대한 스트레스로 심한 우울증을 경험한다. 취업 준비생들을 대상으로 한 취업 스트레스 설문에 따르면, 약 40퍼센트는 우울증, 약 15퍼센트는 자살 충동을 경험했다고 한다.[12] 통계청에서 발표한 2019년 사망원인통계에서 10~30대 젊은 층의 사망 원인 1위는 자살이었다.[13] 그 밑바탕에 이처럼 깊은 우울증이 깔려 있는 것이다.

이런 불안과 초조함은 한편으로는 강박증으로 악화될 수 있다. 실제로 강박증을 앓는 환자가 지난 5년간 10퍼센트 이상 증가했고, 특히 20~30대에서 가장 높은 유병률을 보였다. 더욱이 코로나19로 사회적 거리두기가 장기화되면서 사회 활동의 감소, 대인관계의 축소, 경제활동의 위축이 이어졌고, '코로나 블루(코로나로 인한 우울증)'를 겪는 사람들의 숫자가 20~30퍼센트 증가했다. 이전과 달리 사람들과의 관계가 단절되고 혼자 고립될 수밖에 없는 환경 탓에 가슴이 답답해지거나 무력함을 느끼는 것이다.

현대인들에게 가장 흔한 정신질환인 우울증은 우울한 기분 외에도 다양한 증상을 동반한다. 평소의 관심사에서 흥미를 상실하고, 에너지가 감소하며, 정신 운동 또한 지연되어 집중력이 떨어지거나 초조해진다. 사람에 따라 체중이나 식욕이 상승 또는 저하되는 양극단의 모습을 보인다. 수면 또한 마찬가지여서 잠을 너무 많이 자는 경우도, 아예 잠들지 못하는 경우도 있다. 그러다가 결국 자살이라는 극단적 선택을 하기도 한다.

조사에 따르면 우리나라 국민 6명 중 1명은 평생 한 번 이상 우울증을 경험하며, 여성이 남성보다 두 배 이상 높은 유병률을 보인다고 한다. WHO의 보고에 따르면 전 세계적으로도 2억 6400만 명이 우울증을 앓고 있는데, 그만큼 생각보다 흔하면서 심각한 질환이라고 할 수 있다. 또한 WHO 조사에 따르면 우울증은 20년 넘게 장애 및 사망의 주요 원인을 차지하고 있다는 점에서도 문제다. 특히 우리나라는 2019년 한 해 동안만 1만 3799명이 자살로 사망하는 등 OECD 회원국 중 자살률 1위라는 불명예를 수년간 벗어나지 못하고 있다.

우울증은 대인관계를 위축시키고 사회적 편견 등으로 사회 활동을 제약하기 때문에 국가·사회적인 생산성까지 저하시키는 원인이 된다. 2011년 조사에서 추정된 우울증과 자살에 들어간 사회경제적 비용은 10조 3826억 원으로, 5년 사이 40퍼센트 이상 증가했다.[14] 현대 사회에서 우울증을 더는 개인의 문제가 아닌 사회적 과제로 인식하고 함께 고민하는 것도 이런 이유에서다.

●○ 함께읽기

'코로나 블루', 한 박자 쉬어가는 계기 되길[15]

코로나19가 장기간 지속되면서 생활 패턴이 바뀌고 있다. 그동안 직접 만나서 하던 활동들이 온라인으로 바뀌고, 외부 모임이 줄어드는 대신 집에서의 생활이 늘어났다. 이렇게 사회적 거리두기 캠페인은 대인관계의 모습까지도 변화시키고 있다. 이런 상태가 오래 지속됨으로써 여러 가지 정신적, 심리적 문제를 호소하는 사람도 많아지고 있다. 코로나19가 가져온 우울증의 일종인 '코로나 블루' 때문이다.

코로나 블루라고 불리는 우울, 불안, 무기력 등의 정신 증상은 결국 그동안 지속해오던 사회 활동 및 신체 활동이 줄어들어서 발생하는 것이다. 우울과 불안 증상이 가장 많으며, 무기력하거나 힘이 없는 느낌, 심해지면 무감동이나 무가치감 등이 올 수 있다.

때에 따라서는 코로나바이러스에 대한 심한 공포 때문에 증상이 악화되기도 한다. 대개 이런 증상이 2주 이상 계속되면 '주요 우울증'이라고 하여 정신과적 치료가 필요하다.

물론 코로나 블루 증상은 대개 약한 증상이 지속되거나, 증상이 심하더라도 짧은 시간에 나타났다가 다시 약화되는 경우가 대부분이다. 하지만 본인이 이러한 증상으로 힘들다면 전문가를 방문하는 것도 방법이다.

한국트라우마스트레스학회에서 조사한 결과에 의하면, 코로나19에 대한 일반 국민의 불안 수준은 전체적으로는 정상적으로 나타났지만, 중증도 분포에서 48퍼센트의 국민은 가벼운 수준 이상의 불안을 느끼고 있고, 19퍼센트는 중증도 이상의 불안을 표현하고 있다고 한다. 즉, 5명 중 1명 정도에게는 적극적인 심리적 도움이 필요하다는 의미다.

사실 가벼운 수준의 우울감이나 불안은 정상적인 반응이다. 현재 일부 사람에게서 나타나는 코로나 블루 증상은 대부분 정상적인 반응일 것이다. 따라서 본인의 증상에 대해 너무 심하게 불안해할 필요는 없다. 다만, 과한 불안을 줄이고 싶다면 코로나에 대한 무분별하고 정확하지 않은 정보에 휘둘리지 않도록 적절하고 정확한 정보를 획득하려 노력하는 것도 방법이 될 것이다.

또한 우울감에 빠지지 않기 위해서는 집에서 오랜 시간을 보내는 것에 대해 부정적으로만 생각하기보다는 평소 부족했던 가족과의 소통 시간을 많이 가지는 계기로 삼을 필요가 있다. 집에서 혼자만의 여유 시간을 잘 보내는 것만큼 적절한 정도의 사회적 자극을 유지하는 것도 필요하므로 이번 기회에 그동안 뜸했던 친구, 친지, 동료에게 전화나 이메일 등으로 안부를 묻는 것도 좋은 방법 중 하나다.

더 나아가 신체적으로는 집에서도 규칙적인 생활을 유지하는 것이 중요하다. 신체 활동이 많이 줄어든 만큼 간단한 운동뿐만 아니라 스트레칭, 복식호흡, 요가 등을 하면서 몸과 마음을 정비할 필요가 있다.

코로나19로 많은 국민이 힘들어하고 있지만, 사회적 거리두기가 잘 지켜지고 있는 모습을 보며 이러한 시민의식이 우리가 키워온 자산이라는 생각이 든다. 다만 사회적 거리두기 기간에 각자 집에서 시간을 보내면서 마냥 우울해하기보다는 나의 몸과 심리 상태에 관심을 기울이고 돌보는 것도 필요하다. 코로나19와 사회적 거리두기가 바쁜 삶에 지쳐 있던 국민에게 한 템포 쉬어가며 삶의 질을 높이는 기회가 되길 바란다.

우울함과 우울증은 다르다

모든 사람은 좋지 않은 일이 있을 때 우울한 기분을 느끼고, 좋은 일이 있을 때 기분이 고양되는 것을 느낀다. 하지만 이 경우는 병적인 우울증과 다르다. 일반인은 평소 안정적인 기분 상태를 유지하며, 스트레스로 일시적인 우울감을 강하게 느끼더라도 2주 이내에는 대개 정상 상태를 회복한다. 이런 단순 우울감은 일시적이므로 치료하지 않아도 저절로 좋아지며, 아니면 간단한 방법인 운동이나 주위의 도움 등으로 낫는다.

그러나 우울증이라고 하는 병적인 상태, 즉 주요우울증major depressive disorder은 특별한 스트레스나 사건 없이도 저절로 우울한 기분이 들며 우울의 정도가 심하고 2주 이상 장기간 지속된다. 또한 단순히 우울한 기분 외에도 죄책감, 수면 및 식욕 장애, 피로감 증가, 집중력 저하, 자살 충동 등을 겪는데 이 때문에 직장이나 학교에 나가기 어렵고 기본적인 일상생활에도 지장을 받는다. 치료받지 않을 경우 보통 6개월 이상 이어지기도 한다.

한편 사람에 따라 우울한 기분이 없는 가면우울증masked depression을 앓기도 한다. 이 경우 우울증의 기본 증상인 우울

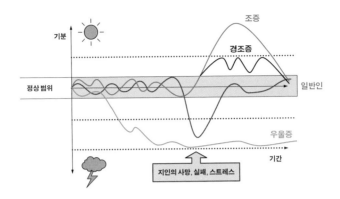

우울한 기분과 우울증의 정도 차이

감 등의 정신적인 증상은 없고 신체적인 증상만 나타난다. 스트레스가 누적되고 반복된 결과 표출하지 못한 스트레스가 소화장애나 가슴 압박감 등의 신체 증상으로 발현되는 것이다.

'조울증'이라고 부르는 양극성 장애는 우울증과 조증 두 가지 증상 모두가 나타난다. 일반인보다 좋은 기분을 훨씬 더 강하게 느끼고 에너지가 넘치다가도 극단적으로 강한 우울감을 경험하기에 판단력을 상실하여 문제를 일으키기도 한다. 흔히 약간의 조증 상태인 경조증은 삶을 살아가는 데 좋을 것으로 생각하기도 하지만, 무엇이 됐든 정상 범위

A 다음의 증상 가운데 다섯 가지 이상이 2주 연속 지속됨

   (단, 다음의 1번과 2번 중 적어도 하나는 존재해야 함)

1 우울 기분(하루 중 대부분, 거의 매일 지속)

2 흥미나 즐거움의 저하(하루 중 대부분)

3 체중의 감소 또는 증가, 식욕의 감소 또는 증가

4 불면 또는 과다수면(거의 매일)

5 초조 또는 지연(거의 매일)

6 피로나 활력의 상실(거의 매일)

7 무가치감 또는 과도한 죄책감

8 사고력이나 집중력의 감소 또는 우유부단(거의 매일)

9 죽음에 대한 반복적 생각

B 증상이 사회적, 직업적, 임상적으로 생활에서 손상을 초래함

주요우울장애의 진단 기준(예시)

A 비정상적인 기분 상승, 에너지의 증가가 적어도 일주일간 거의 매일, 하루 중 대부분 시간 동안
   지속됨

B 기분장애 및 증가한 에너지와 활동을 보이는 기간 중 다음 증상 가운데 세 가지 이상이 나타남

1 자존감 증가

2 수면 감소

3 말이 많아짐

4 사고의 비약

5 주의산만

6 활동의 증가

7 좋지 않은 결과를 초래할 가능성이 큰 활동에 몰두

   (예: 과도한 쇼핑, 과소비, 무분별한 성행위, 무리한 사업 투자)

양극성 장애 중 조증의 진단 기준(예시)

에서 벗어난 상태가 오래가는 건 좋지 않다. 단순히 감정의 기복이 심하다고 느낀다고 해서 모두 조울증인 것은 아니다. 병으로 진단하려면 엄격한 기준을 충족해야 하며, 그래야 정신질환으로 진단할 수 있다.

정신건강과 신체건강은 서로 밀접하게 연관되어 있다. 특히 우울증은 면역력을 저하시키는 등 극심한 신체질환을 유발해 사망률 증가의 원인이 된다고 알려져 있다. 연구에 따르면, 심근경색 발병 후 6개월간의 사망률을 비교했을 때 우울증을 동반한 환자는 그렇지 않은 환자보다 6배 높은 사망률을 보였다.[16] 또한 노년층에서는 우울증의 정도가 높은 사람이 정도가 낮은 사람보다 연간 사망률이 약 1.4배가량 높다는 연구 결과도 있다. 이런 결과는 사회경제적 수준이나 임상 질환, 질병의 위험 요소들을 고려하더라도 마찬가지였다.[17]

이 외에 1995년 일본 고베 대지진 때 심근경색 사망자의 증가, 1996년 유럽 축구 챔피언십 8강전에서 네덜란드가 패배했을 때 경기 당일 네덜란드 남성의 심근경색 및 뇌졸중 사망자의 증가 또한 우울증과 신체질환의 상관관계를 증명하는 또 다른 사례라고 할 수 있다.[18] 우울증은 단순히 개인의 기분장애가 아닌, 우리 모두가 적극적으로 개입해 치료해야 하는 사회적인 질병이다.

우울증 치료를 위해서는 보통 약물치료와 상담치료를 진행하는데, 그중에서도 약물치료에 사용하는 항우울제는 뇌 속 신경전달물질의 활동을 조절하는 것이 그 원리다. 뇌는 수많은 신경세포로 구성되어 있고, 이들 사이의 연결 부위인 시냅스는 신경전달물질을 통해 서로 정보를 주고받는다.

앞서 이야기했듯이 우울증은 기분 조절에 관여하는 신경전달물질인 세로토닌이 부족한 상태다. 신경전달물질은 분비 후 시냅스에 결합된 다음에도 일부는 재사용을 위해 재흡수 과정을 거치는데, 이때 재흡수를 막아 신경전달물질을 시냅스에 오랫동안 머물게 해야 한다. 결국 항우울제가 시냅스에서 세로토닌의 재흡수를 막아 시냅스에 존재하는 세로토닌의 양을 늘리는 역할을 하는 것이다.

이런 설명은 이해를 돕기 위해 요약한 것으로, 실제 우울 증상을 일으키는 기전은 좀 더 복잡하다. 세로토닌만이 아니라 노르에피네프린이나 도파민 등 다른 신경전달물질 역시 관련하기도 하고, 단순히 시냅스에서 신경전달물질의 부족만이 아닌 수용체의 변화 등도 동반되기 때문이다. 아직은 연구 과제가 많이 남아 있는 부분이다.

그 밖에 상담치료 또한 우울증에 사용하는 대표적인 방법이지만, 전문가를 만나기 위해 따로 시간을 내야 하고 얼굴을 노출해야 한다는 불편함과 더불어 비용이 부담스럽다는 단점이 있다. 미래에는 IT 기술의 발전과 함께 화상으로 상담을 진행하거나 간단히 착용하는 것만으로도 집에서 우울증 치료를 받을 수 있는 방법이 많이 이용되어 면담이나 평가가 쉽게 이루어질 것이다.

그런 한편, 언젠가는 자신의 기분을 좌우할 수 있는 시대가 오지 않을까 하는 기대와 우려도 생긴다. 이미 경두개직류자극술transcranial direct current stimulation, tDCS이라는 간단한 방법을 사용하여 기분을 조절하는 시대에 돌입하고 있다. 이런 간단한 기기를 가지고 다니다가 기분이 우울해지면 스스로 자신의 뇌에 자극을 주어 기분을 좋게 하는 시대가 조만간 도래할 것이다.

우울한 뇌의 세포를 깨우다

기술의 발전에 따라 최근에는 우울증을 치료하기 위해 뇌를 자극하는 신경조절술neuromodulation 등이 주목받고 있다. 신경조절술이란 쉽게 말해 뇌 신경망이나 특정 뇌 부위를 전기적으로 자극해 뇌 신경 기능을 정상으로 되돌리는 것이다. 약물 복용은 비특이적이기에 뇌의 특정 신경세포나 신경회로에만 작용하지 않고 여러 곳에 작용하여 부작용을 일으킬 수 있지만, 신경조절술은 뇌의 국소 부위만 비침습적으로 자극하는 경우가 많기 때문에 부작용이 거의 없다.

신경조절술에는 여러 가지가 있는데, 그중 경두개자기자극술transcranial magnetic stimulation, TMS, 경두개직류자극술transcranial direct-current stimulation, tDCS, 뇌심부자극술deep brain stimulation, DBS이 대표적이다. 이들 치료법은 우울증 외에도 강박증을 비롯한 여러 정신질환에 사용된다.

내 환자 중에는 불안하거나 초조할 때 입술이나 손톱을 깨물어 뜯기도 하고, 송곳 같은 뾰족한 물건으로 자신의 손톱 밑을 찌르는 환자도 있었다. 이 환자의 경우에는 피를 보면 불안이 감소하는 증상으로 10년 이상을 고통받고 있었다. 자신의 혀를 반복적으로 깨물어 혀의 3분의 1 정도가 유실되기도 했다. 모두 강박 증상의 일종으로, 불안해서 피가 날 때까지도 행동을 멈추지 못하고 오히려 이런 행동을 통해 안정을 얻는 것이다. 오랫동안 약물치료, 인지행동치료cognitive behavioral therapy, CBT, 정신치료, 가족치료 등 할 수 있는 모든 방법을 사용했지만 상태는 점점 악화되고 있었다. 결국 뇌 신경 기능을 조절할 수 있는 뇌심부자극술deep brain stimulation, DBS을 시행했는데, 조금씩 호전을 보여 몇 개월 후에는 거의 증상이 없어졌고 궁극적으로 직업을 갖고 일상을 회복하게 되었다. 이는 약물이나 일반적인 치료 방법으로 치료가 어려운 정신질환에서 뇌 기능을 바꿀 수 있는 신경조절술로 치료한 사례다.

신경조절술은 경두개자기자극술TMS처럼 전자기 코일을 통해 뇌의 피질 부위에 자기장을 흘려 뇌 신경세포를 활성화하거나 억제함으로써 뇌의 작용을 바꾸는 방법, 경두개직류자극술tDCS처럼 음극과 양극의 약한 직류전류를 두개골 바깥쪽에서 흘려줌으로써 대뇌 피질에 있는 신경세포를 활성화하거나 억제하는 방법, 혹은 교류전류를 사용하는 경두개교류자극술transcranial alternating current stimulation, tACS 등이 있다. 최근에는 초음파를 이용하는 초점초음파술focused ultrasono, fUS 등이 있는데, 이런 방법들은 비수술적 치료법인만큼 폭넓게 활용할 수 있다는 점에서 더욱 주목받고 있다.

이 외에 뇌심부자극술DBS은 뇌의 깊은 부위에 미세한 전극을 넣어 전류를 흘려줌으로써 그 부위의 신경회로를 활성화하거나 억제하는 방법이다. 이때는 쇄골 밑쪽에 전원 역할을 하는 배터리를 위치시킨다. 뇌 신경세포의 활성 또는 억제를 통해 신경회로의 기능을 바꿈으로써 증상을 개선하는 것이다. 이 방법은 실제로 파킨슨병을 비롯하여 뇌 관련 다양한 질환에 효과적이라고 알려져 있다. 뇌를 절개하지 않고 작은 구멍을 통해 전극을 삽입하기에 비교적 간단한 수술이며, 주기적으로 배터리만 교체하면 되므로 지속성 차원에서도 나쁘지 않다.

뇌 자극 치료법은 약물치료나 상담치료와 더불어 그 효과가 입증됐으며, 오늘날 우울증 외에 강박증 또는 약물에 반응하지 않는 환청 등의 정신질환에도 폭넓게 사용되고 있다. 연구에 따르면 총 245명의 우울증 환자를 무작위로 나눠 94명에게는 경두개직류자극과 위약, 91명에게는 항우울제와 가짜 자극, 60명에게는 가짜 자극과 위약을 처방하고 10주간 치료를 지속한 결과 경두개직류자극과 항우울제가 위약보다 유의미한 효과가 있다는 것이 확인됐다. 우울증의 정도를 가장 많이 감소시킨 것은 약물치료였지

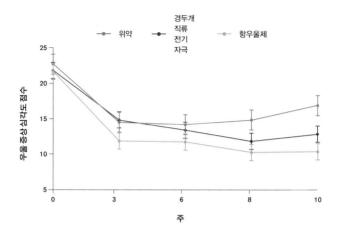

위약 　경두개 직류 전기 자극　 항우울제

뇌 자극 치료법

만, 추가 분석에서는 뇌 자극 치료법이 약물치료보다 열등 하지는 않다는 결과가 나왔다.[19]

　내 환자 중에는 아주 극적이고 신기한 경험을 한 강박 증 환자가 있다. 유명한 의대를 졸업한 40대 여성 의사였 는데, 강박 증상이 너무 심해서 의사 생활도 하기 어려웠 다. 여러 종류의 약물을 고용량으로 사용해도 증상이 호전 되지 않고, 몇 차례 입원도 했지만 신통치 않았다. 얼굴에 는 불안이 가득하지만 한편으론 무표정했고, 더 이상 삶의 의미가 없다고 말했다. 나 역시 여러 치료 방법을 시도해도

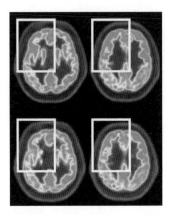

뇌심부자극술로 치료받기 전후 뇌 양성자단층촬영술(PET) 영상. 치료받기 전에는 좌측 전두엽, 전대상회, 미상핵에서 증가했던 대사활동(위)이 2년 후 정상적으로 변화함(아래).

증상이 나아지지 않아 호전시킬 방법이 없다는 생각에 한편으론 포기하고 싶은 심정이었다.

큰 기대 없이 마지막으로 신경조절술을 시도해보기로 하고, 신경외과 교수님과 상의하여 감마나이프gamma knife 시술을 했다. 감마나이프는 신경조절술 중에서도 비침습적이라는 장점이 있기 때문에 비교적 쉽게 시술했지만, 이후에도 환자는 호전 없이 계속 힘든 증상을 보였다. 약 1년 후 감마나이프를 한 번 더 시행해 목표 부위를 더 넓혀보자는 신경외과 교수님의 의견에도 나는 별로 기대하지 않았다. 그러나 환자가 흔쾌히 2차 시술에 동의해 감마나이프를 시행했고, 놀랍게도 2차 시술 후 시간이 흐르자 강박 증상이 점점 호전되어 거의 불편을 못 느낄 정도로 회복됐다. 불안하고 무표정하면서 안절부절못하던 모습이 완전히 사라졌고, 눈에 띄게 편안해졌다. 현재는 의사로 복직해 아주 즐거운 생활을 하고 있다. 이 환자의 사례를 경험한 후 뇌의 신비로운 기능에 다시 한번 놀라기도 했지만, 환자를 볼 때 포기하지 않고 끝까지 도움을 줄 수 있는 방법을 신중하게 찾아야겠다는 다짐이 굳어지는 계기가 되었다.

앞으로 더 많은 연구와 발전이 이뤄진다면 미래에는 뇌자극 치료법이 약물치료의 대안으로 자리를 잡을 수 있으리라고 기대할 만하다. 물론 현재에도 국내 일부 임상에서는 이를 사용하고 있다.

하지만 사실 우울증 치료에서 가장 강조해야 하는 것은 운동이다. 우울증과 운동의 상관관계를 조사한 많은 연구를 통해 이미 증명된 사실이다. 다양한 연구에 따르면 운동을 한 집단은 약물치료를 한 집단, 아예 치료하지 않은 집단, 위약을 사용한 집단 등에 비해 우수한 치료 효과를 보였다. 이런 결과는 대부분 연구에서 공통으로 도출됐으며,

우울증 치료에 운동이 매우 우수한 효과를 가져온다는 사실을 보여준다. 일부 연구에서는 운동이 항우울제와 거의 동등한 효과를 낸다는 결론을 도출하기도 했다. 이처럼 운동은 신체건강은 물론 정신건강에도 도움이 된다.

우울하다는 것은 뇌의 기능이 떨어져 있다는 의미다. 즉 우울증을 치료하기 위해서는 뇌를 활성화해야 한다. 이를 보여주는 증거들도 일부 발견됐는데, 운동을 통해 뇌의 구조적인 모양 자체가 변화한 것이다. 연구에 따르면 운동 후에는 우울증 때문에 감소했던 전전두엽·전대상피질anterior cingulate cortex·해마의 부피가 회복됐고, 양측 뇌를 연결하는 뇌량의 연결성이 증가하고 전대상피질과 해마를 이어주는 띠다발cingulum의 연결성 또한 증가했다.[20]

운동을 하면 운동과 관련된 신경세포가 활성화되고, 이에 따라 신경세포를 재생할 수 있는 신경영양보호인자brain-derived neurotrophic facor, BDNF가 분비된다. 운동이 신경세포뿐만 아니라 신경세포를 재생하는 영양인자들의 활동 또한 촉진하는 것이다. 운동을 통해 발생한 뇌의 변화가 우울증을 호전시키는 기전이 된다고 할 수 있다.[21]

이와 더불어 웃음은 우울증에 굉장히 효과적인 치료법

이다. 특히 경미한 우울증에 효과적인데, 웃을 때 활성화되는 복내측 전전두피질ventromedial prefrontal cortex이 바로 엔도르핀endorphin이 생산되는 부위이기 때문이다. 이 외에도 웃음은 편도체, 해마 같은 변연계와도 관련이 있다. '만병통치약'이라는 별명처럼 웃음은 관련 뇌 부위를 활성화하고 엔도르핀을 분비시켜 통증 감소 및 근육 이완, 혈액순환 개선, 면역력 증가 외에도 스트레스를 완화해 우울감을 줄여준다. 억지로 웃는 가짜 웃음도 같은 효과를 낸다. 진짜든 가짜든, 웃을 때 사용하는 근육이 동일하므로 이 근육을 지배하는 뇌 신경세포가 똑같이 활성화되기 때문이다. 신체적인 변화로 뇌를 바꾸는 것이다.

이렇듯 우울증을 개선하는 치료법은 약물, 상담, 인지행동, 신경조절, 운동, 웃음 등 다양하다. 모든 치료법이 지향하는 바는 결국 뇌 기능을 바꾸는 것이다. 모든 치료법이 마치 동전의 앞뒷면과 같은 것이다. 한편으로는 운동이나 명상, 웃음처럼 생각이나 감정의 변화를 통해, 또 한편으로는 약물이나 신경조절술 등의 치료법을 통해 변화를 도모할 수 있으며 그 목표는 뇌의 기능을 바꾸는 것이라고 할 수 있다.

조현병, 마음의 끈을 놓친 아픈 뇌

이름, 사회적 편견을 좌우하다

조현병schizophrenia, attunement disorder은 분열schizein과 정신phrēn을 의미하는 그리스어에서 유래한 용어로, 과거에는 말 그대로 '정신분열병'이라는 용어로 불렸다. 1908년 스위스의 정신과 의사 오이겐 블로일러Eugen Bleuler가 처음 사용했는데, 일본으로 건너와 1937년 정신분열병으로 번역된 후 한자 문화권에서는 오랫동안 그대로 불려왔다. 하지만 글자 그대로 '마음이 찢어지고 갈라진 병'이라는 의미 때문에 병의 실체와 상관없이 인격이나 정신이 분열된 무서운 병이라는 인상을 줘 사회적 편견을 강화해왔다.

이런 편견을 해소하기 위해 우리나라에서는 2007년 정신분열병 병명개정위원회가 구성됐고, 최고 전문가 집단이 참여하여 병명 개정의 원칙에 맞는 새로운 용어를 탐색했다. 이 과정에서 전 국어국문학회장 김진영 교수는 '조현긴완증調絃緊緩症'이라는 신조어를 새로운 병명으로 제안했는데, 조선 시대 승려 청허휴정清虚休靜이 저술한 불교 개론서 『선가귀감』에 나오는 '조현지법調絃之法'에서 착안한 것이었다. 마음 정진은 너무 긴장해 조급하게도, 너무 이완되어 게으르지도 않게 항상 마음의 끈을 적절히 조율해야 한다는 의미다.

즉 조현병이란 현악기의 줄이 적당한 긴장을 유지해야 제 기능을 발휘하듯이 인간의 정신도 적절하게 튜닝되어야 제 기능을 유지할 수 있다는 과학적 해석을 은유적으로 표현한 것이다. 뇌의 신경세포 연결과 같은 생물학적인 문제와 함께 사고 발전의 연결이라는 정신건강의학적인 문제를 모두 상징하는 용어로, 뇌의 문제로 적절한 긴장을 유지하는 데 문제가 생긴 질환을 의미한다. 이후 여러 논의를 거쳐 개정 논의 3년 6개월 만인 2011년 '조현병'이라는 병명을 공식적으로 채택했으며, 2012년부터 사용되기 시작했다. 이 명칭은 영국 의학 잡지《랜싯The Lancet》에 발표[22]되며 의학의 사회적 역할을 다시 한번 일깨워주었다.

2021년은 정신분열병이 조현병으로 바뀐 지 10주년이 되는 해다. 대한조현병학회에서도 이를 기념하기 위해 심포지엄을 진행하였다. 그러나 최근 조현병 환자들에 의한 중범죄가 자주 일어나서 편견을 없애기 위해 바꾼 조현병이라는 병명에 오히려 과거 정신분열병보다 더한 사회적 낙인이 생기는 것 같아 안타까울 따름이다. 하루빨리 정신건강복지법 등 관련 법규의 재·개정이나 제도적 정비를 통해 조현병의 사회적 낙인을 줄여야 할 것이다. 또한 정부에서도 좀 더 책임 있게 나서서 마음이 아픈 분들을 위한 정책을 조속히 시행해야 한다.

한편 일본은 1993년 일본가족협회가 일본정신신경학회에 명칭 변경을 요청한 이후 10여 년간의 탐구 끝에 2002년 통합실조증統合失調症으로 변경되었다.[23]

존재하지 않는 것을 보고 듣다

의인화한 고양이 그림으로 유명한 영국의 화가 루이스 웨인Louis Wain은 말년에 조현병을 앓았던 것으로 추정된다. 고양이의 모습이 점점 추상화되다가 마지막에는 형체를 알

조현병으로 추정되는 루이스 웨인의 화풍 변화

아볼 수 없을 정도의 무늬 상태로 표현됐기 때문이다. 이런 화풍의 변화는 조현병 환자들이 세상을 바라보는 왜곡된 인지 상태를 보여준다.

조현병은 쉽게 말해 사고의 장애나 감정 등의 이상을 보이는 정신질환이다. 간이나 위 등 내부 장기가 상하면 간암이나 위암이 발생하듯이, 뇌에 이상이 생긴 결과 발생하는 정신질환인 것이다. 고르지 않은 현이 제소리를 내지 못하듯 특정한 한 가지 문제로 설명하기는 어려우며 뇌의 부피 및 주름, 구조적 및 기능적 연결성, 신경전달물질 등의 문제로 여러 고등 기능이 제 역할을 하지 못하는 상태다. 고혈압, 당뇨, 심장병 등 만성적 신체질환의 경우와 유사하게 생물학적 및 유전적 원인, 스트레스 등의 복합적 원인에 따라 발병한다.

조현병의 증상으로는 실제 현실이 아닌 잘못된 믿음인 망상, 실제 존재하지 않는 청각·시각·촉각·후각·미각의 자극을 느끼는 환각 그리고 이해하기 어려운 언어와 행동 등이 있다. 이는 일반인에게는 없으나 환자에게만 나타나는 양성 증상에 해당한다. 망상의 종류에는 누군가가 나를 해할 것이라는 피해망상, 사실보다 과장되게 생각하는 과

대망상, 다른 사람이 나를 사랑한다는 색정망상, 다른 사람이 나를 조종한다는 조종망상, 전혀 관계없는 사람인데 마치 자신과 관련 있는 것 같다는 관계망상 등 실로 다양한 종류가 있다. 환각 중에서는 실제로 주위에 사람이 없는데 사람 목소리를 듣는 환청이 대표적이다. 환청이 있을 경우 누군가가 자신을 욕한다거나 위층에서 층간소음으로 괴롭힌다는 등의 피해의식에 사로잡히기도 한다. 흔하지는 않지만 헛것이 보이는 환시, 이상한 냄새가 난다는 환후, 피부에 벌레가 기어가는 느낌이 드는 환촉 등이 있다.

반면 일반인에게는 존재하지만 환자에게는 결손되는 음성 증상도 있다. 감정 표현의 감소, 동기 상실, 인지 기능 저하 등이다. 온종일 한마디도 하지 않고, 즐거움도 기쁨도 없으며, 방 안에 갇혀 대인관계가 완전히 단절된 모습을 보인다.

이런 양성 및 음성 증상 중 두 가지 이상이 1개월 이내에 상당 기간 나타나면서 6개월 이상 지속되어 직업 및 사회적 기능이 손상되고 대인관계에 문제가 생기면 조현병으로 진단된다. 이때 망상과 환각 둘 중 하나의 증상은 반드시 있어야 한다.

정확한 진단은 정신과 전문의가 여러 가지 증상 및 병의 경과에 대한 병력 청취 등의 정신 상태 검사에 기반해 내리는데, 신경 인지 검사 및 심리 검사, 뇌 MRI 검사 등을 통해 진단을 보조할 수 있다. 이때 뇌 영상술 등을 통해 조현병과 유사한 증상을 일으킬 수 있는 뇌 안의 종양이나 다른 병변을 확인해야 한다. 이에 따라 조현병으로 진단되면 항정신병 약물을 통해 도파민이나 세로토닌 등의 비정상적인 활동을 조절하는 방식으로 증상을 감소시키는 등 신경전달물질의 전달 및 합성을 조절함으로써 뇌의 작용을 바꾸는 치료를 진행한다.

● ○ 함께읽기

이젠 조현병이라 불러주세요[24]

대한정신분열병학회와 대한신경정신의학회가 추진해온 정신분열병 병명 개정안이 18일 국회 보건복지위원회 법안심사소위원회 심의를 통과해 '정신분열병'이 '조현병'으로 공식 명칭이 바뀌게 됐다. 새로운 병명의 조현調絃은 '현악기의 줄을 고르다'라는 뜻으로, 병으로 인한 정신의 부조화를 치료를 통해 조화롭게 하면 현악기가 좋은 소리를 내듯 정상적인 생활이 가능하다는 의미를 담고 있다. 또한 정신분열병이 뇌 신경망의 이상에서 발병한다는 점에서 뇌 신경망이 느슨하거나 단단하지 않고 적절하게 조율돼야 한다는 뜻이 담겨 그동안 병명이 주던 잘못된 편견을 바로잡는 계기가 될 것이다.

필자는 조현병으로의 병명 개정이 편견을 해소하고 환자들에게 삶을 되찾아주는 일의 작은 시작일 뿐이라고 생각한다. 대부분 정신과 질환에 대해 편견이 있지만 특히 조현병에 대한 편견은 환자를 소외시키는 것에 그치지 않고 치료에 영향을 미쳐 환자의 삶 전체를 망가뜨리기 때문에 편견의 폐해가 심각하다.

조현병은 한번 발병하면 영구적으로 정상으로 회복될 수 없다는 일반적 편견과 달리 관리가 가능한 질병이다. 군이 노벨상을 받은 수학자 존 내시를 떠올리지 않더라도 치료를 하다 보면 대학을 졸업하고 전문 자격증 시험을 통과하는 등 일반인도 쉽지 않은 성취를 이루는 환자를 쉽게 찾을 수 있다.

조현병 치료에서 가장 중요한 요소는 재발을 방지하는 것이다. 재발할수록 뇌는 점점 망가지면서 치료가 어려워진다. 재발을 막기 위해 가장 중요한 것은 꾸준한 약물 복용이다. 고혈압이나 당뇨가 악화되는 것을 막기 위해 꾸준히 약물을 복용하는 것과 같은 이치다. 조현병은 약 복용을 중단할 경우 치료 결과가 좋아 퇴원했던 환자도 1년 이내에 70퍼센트 이상 재발한다.

하지만 이것이 말처럼 쉽지 않다. 다른 병들도 오랜 기간 약을 먹기가 쉽지 않겠지만 특히 정신질환은 병에 대한 편견이 약 복용을 방해하기 때문에 더욱 힘들다. 최근에는 주사 한 번 맞으면 약효가 한 달씩 지속되는 약처럼 제형 혁신을 통해 환자의 재발을 막는 장기 지속형 주사제 등 새로운 약이 개발돼 속속 출시되고 있다. 그 결과 치료 결과에 대한 환자들의 기대치도 높아졌고 의사들의 치료 목표도 변하고 있다.

이제는 조현병 환자가 가족의 희생과 사회의 위험을 피하기 위해 격리해야 하는 대상이 아니라 복귀해 함께 살아갈 수 있도록 편견 없이 도움으로써 사회 구성원이 되도록 해야 한다. 이를 위해서는 편견 해소를 위한 노력과 함께 제도적 뒷받침이 절실하다.

우리나라는 조현병 환자를 격리 중심으로 관리해 경제협력개발기구OECD 국가 중 유일하게 정신과 폐쇄병동이 증가하고,[25] 재발을 막는 치료 약물과 적극적인 치료를 단기 비용 증가를 우려해 억제하는, 정신질환 관리에서는 후진성을 벗어나지 못한 나라다. 최근 필자를 비롯한 몇몇 연구자가 정신분열병 치료의 비용효율성에 대한 연구 결과를 발표했다. 재발 환자 치료비가 안정기 환자의 7배에 이르는 것으로 나타났다. 환자를 입원 중심으로 치료하는 것보다 재발을 막고 사회로 복귀할 수 있게 하는 것이 환자의 치료 예후를 위해서도 좋지만 비용도 적게 든다.

병명을 바꾼다고 해도 이미 알려진 편견들이 순식간에 사라지기는 어려울 것이다. 또한 치료 환경과 그 결과의 변화가 없는 한 병명 개정만으로 사회 인식의 획기적인 변화를 얻기는 어려울 것이다. 이번 병명 개정을 계기로 정부의 정신질환 정책이 환자의 재발을 방지하고 사회 복귀를 돕는 방향으로 변화하기를 기대해본다.

의지를 탓하지 말라

뇌의 연결성 개념은 조현병의 원인과 관련해 요즘 가장 강조되는 부분이다. 뇌는 구조적으로 가까이 있지 않더라도 네트워크를 이뤄 기능적으로 연결될 수 있다. 그중 달걀 모양의 시상은 뇌의 깊은 곳에 자리 잡아 여러 내·외부 정보를 대뇌에 전달하는 역할을 한다. 조현병은 시상과 대뇌 피질 간의 기능적 연결성에 문제가 있는 질병이다. 연구에 따르면 생각 및 실행 등의 고차원적인 활동을 담당하는 전두엽과 시상의 연결성은 일반인보다 저하되어 있는 반면, 주로 감각 정보를 처리하고 운동과 관련된 두정엽과의 연결성은 증가해 있다.[26]

한편으로는 조현병의 원인을 도파민 과잉이라 보기도 하는데, 뇌에서 도파민이 과활성화되어 망상·환각 등의 조현병 증상이 발생한다는 것이다. 실제로 뇌 영상술을 통해 보면 조현병 환자는 도파민이 과활성되어 있음을 확인할 수 있다.[27] 이 외에도 최근에는 MRI를 통해 촬영한 뇌 분석을 통해 조현병 환자의 경우 시상의 미세 구조가 감소해 있음을 최초로 확인하기도 했다. 미세 구조란 곧 세포의 복잡성을 말하며, 이들의 감소는 뇌 신경세포 간 신경전달 기능의 저하를 의미한다.[28]

또한 일반인과 조현병 환자의 뇌 단면을 비교해보면, 조현병 환자의 경우 뇌척수액이 자리한 뇌실ventricle의 공간은 커져 있는 반면, 기능을 하는 뇌의 실질적인 부분은 부피가 전반적으로 줄어들어 있는 것을 확인할 수 있다. 실질적인 뇌가 작아져 뇌실이 확장된 것처럼 보이는 것이다. 기억력과 관련된 해마 또한 일반인에 비해 작아져 있어 인지 기능이 저하된다.[29] 한편 일반인에게서는 거의 관찰되지 않지만, 종종 조현병 환자들에게는 뇌실에 막이 하나 더 있는 구조물이 관찰되기도 한다. 기능적으로는 큰 의미가 없는 구조물인데, 조현병이 뇌의 발달상에 어떤 문제가 있음을 시사하는 것일 수 있다.[30]

이처럼 조현병은 뇌 전반적인 부분의 이상에 따른 것으로, 과거의 편견이나 오해처럼 개인의 의지 또는 약한 심리 상태 등 마음의 문제로 생기는 병이 아니다. 뇌실의 확장과 뇌의 수축은 치료를 받지 않는다면 시간이 흐를수록 점점 더 심해져 결국 뇌가 퇴행하기 때문에 과거에는 조현병을 '조발성 치매dementia praecox'라고 부르기도 했다.

공감받지 못하는
질병을 위한
이유 있는 변론

정신질환자를 거부하는 생물적 본능

조현병을 바라보는 우리 사회의 편견은 포털 사이트에 올라오는 다양한 기사들에서 쉽게 찾아볼 수 있다. 많은 보도에서 조현병 환자들은 사건·사고를 일으키는 위험한 인물로 그려진다. 뇌의 이상으로 기인한 조현병을 귀신에 씌었다는 식의 표현을 동원해 자극적으로 이야기함으로써 조현병 포비아phobia, 즉 조현병에 대한 공포심을 키운다. 이는 조현병 환자를 사회로부터 격리시키고 그 가족들에게까지 낙인을 찍는 문제를 양산한다.

사실 조현병 환자의 범죄율은 전체 인구의 범죄율보다 낮은 수준이다. 대검찰청의 2017년 범죄 분석에 따르면

서가명강

서울대 가지 않아도 들을 수 있는 명강의

* 서가명강 시리즈는 계속 출간됩니다.

김형석, 백 년의 지혜
: 105세 철학자가 전하는 세기의 인생론

김형석 지음 | 값 22,000원

시대의 은사 김형석이
시대의 청춘에게 바치는 이야기

이 시대 최후의 지성이라 불리는 김형석 교수는 이 책에서 일상이 바빠 대중이 잊어버린 사랑과 자유, 평화에 대한 본질과 해답, 다가올 미래를 위해 후손에게 전해줘야 할 정의, 일제강점기와 이념 갈등을 겪는 한국인에게 다정한 일침을 전해준다.

행복의 기원

서은국 지음 | 값 22,000원

인간은 행복하기 위해 사는 게 아니라,
살기 위해 행복을 느낀다

"이 시대 최고의 행복 심리학자가 다윈을 만났다!" 심리학 분야의 문제적 베스트셀러 『행복의 기원』 출간 10주년 기념 개정판. 뇌 속에 설계된 행복의 진실. 진화생물학으로 추적하는 인간 행복의 기원.

당신의 불안은 죄가 없다

웬디 스즈키 지음 | 안젤라 첸 옮김 | 값 19,800원

걱정 많고 불안한 당신을 위한 뇌과학 처방전
"불안은 변화를 만들어 내려는 움직임이다!"

불안을 삶을 방해하는 '부정적'인 것이 아닌 삶의 동력이 되는 '긍정적'인 것으로 바라보게 해주는 책. 저자는 '뇌'의 관점에서 자신이 불안과 맺는 관계를 변화시킨 사례와 함께 불안이 주는 여섯 가지 선물을 통해 더 나은 내가 되는 방법, 그리고 나를 지키는 좋은 불안 사용법까지 구체적으로 불안을 다루는 방법을 제시한다.

평균의 종말
다크호스
집단 착각

토드 로즈 지음 | 정미나, 노정태 옮김 |
각 값 20,000원 / 24,000원

하버드대학 교수 '토드 로즈' 3부작!
뿌리 깊이 박혀 있는 편견과
착각에서 벗어나게 하는 책!

아이를 무너트리는 말, 아이를 일으켜 세우는 말

고도칸 지음 | 한귀숙 옮김, 이은경 감수 | 값 19,000원

'슬기로운초등생활' 부모교육전문가 이은경 추천!
상처 받기 쉬운 아이의 마음을 지키는 대화법 70가지

이 책은 소아청소년 정신건강의학과 전문간호사인 저자가 병동에 찾아온 아이들의 다양한 케이스를 보면서, 부모들이 아이의 마음을 무너트리기보다는 아이의 마음을 일으켜 세워 주는 대화와 행동을 해 주었으면 하는 바람을 담아 70가지 대화법으로 소개한다.

이런 진로는 처음이야

이찬 지음 | 값 17,800원

서울대 '진로와 직업' 교육 전문가 이찬 교수의
잘나가는 요즘 10대를 위한 서울대 진로 특강

'하고 싶은 일이 없는데 어떡하지?', '어른들이 시키는 공부만 따라 하면 되는 걸까?' 좋아하는 일이 없어서 고민하는 걱정 많은 10대. 게임처럼 주어진 진로 퀘스트를 하나씩 깨다 보면 자연스럽게 나도 몰랐던 내 모습을 발견하고, 내 가슴을 뛰게 만드는 직업과 그에 맞는 공부까지 주도적으로 찾을 수 있을 것이다.

힘들어? 그래도 해야지 어떡해

아찔 ARTZZIL(곽유미, 김우리, 도경아) 지음 | 값 19,800원

K-직장인이라면 200% 공감!
팩폭과 위로를 넘나드는 아찔 에세이

"행복해서 웃는 게 아니고, 웃어서 행복한 거다" 입꼬리는 올라가고 마음은 한결 가벼워지는 87컷의 재밌는 그림과 에피소드를 담았다. 누구나 겪는 스트레스와 혼란스러운 감정을 여과 없이 그려내면서, 자신의 감정을 솔직하게 바라보고 고민을 털어버릴 수 있게 도와준다.

고층 입원실의 갱스터 할머니

양유진(빵먹다살찐떡) 지음 | 값 18,800원

100만 크리에이터 빵먹다살찐떡 첫 에세이
처음 고백하는 난치병 '루푸스' 투병

누군가의 오랜 아픔을 마주하는 일이 이토록 환하고 유쾌할 수 있을까? 수많은 이들에게 다정한 웃음을 선사한 크리에이터 '빵먹다살찐떡'이 지금까지 숨겨두었던 난치병 투병을 고백한다. 진솔하고 담백한 문장 속에, 생사의 갈림길마다 씩씩하게 웃을 수 있었던 섬세하고 유쾌한 긍정의 힘이 그대로 담겨 있다.

블랙워터 레인
브링 미 백

B. A. 패리스 지음 | 각 이수영, 황금진 옮김 | 값 18,800원

심리스릴러의 여왕 B. A. 패리스!
민카 켈리 주연 영화 〈블랙워터 레인〉 원작!
모든 것을 의심하게 만드는
압도적 반전 스릴러

아름다운 세상이여,
그대는 어디에

샐리 루니 지음, 김희용 옮김 | 값 19,800원

"당신은 나에 대해 다 아는데,
나는 당신에 대해 아무것도 몰라."

전 세계 100만 부 판매 『노멀 피플』 샐리 루니의 최신작.
출간 즉시 〈뉴욕타임스〉 · 〈선데이타임스〉 베스트셀러 1위!
망가진 세상에서 어른이 되어 버린 그들이 선택한 사랑

후린의 아이들,
베렌과 루시엔, 곤돌린의 몰락

J.R.R. 톨킨 지음 | 크리스토퍼 톨킨 엮음 |
김보원 · 김번 옮김 | 각 값 39,800원

J. R. R. 톨킨 레젠다리움 세계관의 기원,
크리스토퍼 톨킨 40년 집념의 결실!
가운데땅의 위대한 이야기들

반지의 제왕
– 출간 70주년 기념 비기너 에디션

J.R.R. 톨킨 지음 | 김보원, 김번, 이미애 옮김 |
값 154,000원

가운데땅 첫 걸음을 위한
가장 완벽한 길잡이.
인생에서 꼭 한 번은 읽어야 할
영원한 판타지 걸작.

정신질환자의 범죄율은 0.136퍼센트, 전체 인구의 범죄율은 3.93퍼센트로 일반인이 약 29배 높은 결과를 나타냈다. 하지만 강력 범죄로 특정해보면 살인은 약 5배, 방화는 8배 넘게 조현병 환자의 범죄율이 높으며 존·비속 살인도 조현병 환자의 범행 비율이 압도적으로 높다. 특히 정신질환자의 범죄에서는 재범률이 높다는 것도 주목해야 한다. 이 역시 잘못된 인식과 편견을 바로잡음으로써 적절한 조기 치료를 하는 것이 얼마나 중요한지를 보여준다고 할 수 있다.

정신질환에 대한 낙인은 치료를 막는 가장 위험한 요소다. 최근 우리 연구팀에서 정신질환의 낙인에 대한 뇌의 생물학적 요소를 연구해 보고했다. 19~35세의 건강한 성인 40명을 대상으로 한 실험에서 사람들은 신체질환자에 대해서는 동정과 공감을 보이는 반면, 정신질환자에 대해서는 편견과 불편함의 시선을 보냈다. fMRI를 통해 관찰한 결과 신체질환자를 대할 때는 타인에 대한 공감 및 이타적인 행동과 관련된 복내측 전전두피질이 활성화됐으며, 이는 자신에게 위로나 격려가 전해졌을 때의 뇌 활성화와 비슷했다. 반면 정신질환자를 대할 때는 전측 뇌섬엽^{anterior}

insula과 배측 전대상피질dorsal anterior cingulate cortex이 활성화됐는데, 공감이 어렵고 힘들어 인지적 자원이 많이 요구됨을 나타낸다.[31]

이는 신체질환자와 정신질환자에 대한 마음을 추론할 때 서로 다른 뇌 영역이 사용되는 것을 확인한 연구로, 이로써 일반인이 정신질환자를 바라보는 편견에 신경행동학적 요인이 있다는 것을 알 수 있다. 이 결과는 정신질환자가 편견의 굴레를 벗고 보다 적극적인 치료로 나아갈 수 있도록 의식적인 공감과 지지가 절실하다는 것을 보여준다고 할 수 있다.

치료하면 나을 수 있는 병

조현병은 어떻게 치료할 수 있을까? 대표적으로는 약물치료를 들 수 있다. 항정신병 약물은 조현병을 비롯한 정신병적 질환의 치료 약물로, 정신병적 증상을 보이는 모든 환자에게 사용할 수 있다. 약물의 작용 기전은 컴퓨터 속의 수많은 전기회로와 그 속에 흐르는 전기를 떠올리면 이해하기 쉽다. 뇌는 시냅스를 통해 이동하는 여러 신경전달물질의 역할에 따라 다양한 기능을 수행하는데, 약을 먹을 때

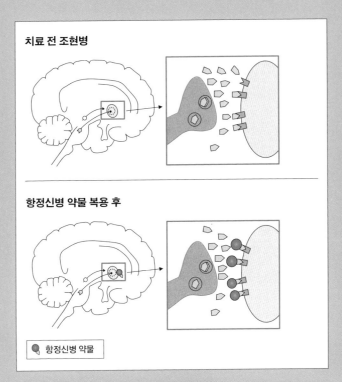

치료 전 조현병

항정신병 약물 복용 후

🔴 항정신병 약물

도파민의 전달을 막는 항정신병 약물의 작용 기전

약물의 여러 성분 또한 이런 과정을 거쳐 뇌로 들어간다.

앞서 이야기했듯이, 조현병의 원인 중 하나인 도파민 과잉의 경우 항정신병 약물이 이를 차단하는 역할을 한다. 1950년대에 우연히 발견됐는데, 이를 복용한 환자의 경과가 좋아지자 이후 동물 실험을 통해 도파민과의 관련성이 밝혀졌다. 원리는 비교적 간단하다. 약물이 가짜 도파민의 형태로 도파민 수용체에 붙어 진짜 도파민의 전달을 막음으로써 도파민 활성 자체를 떨어뜨리는 것이다. 도파민을 연구한 스웨덴의 약리학자이자 신경정신의학자인 아르비드 칼손Arvid Carlsson은 2000년 노벨 생리의학상을 공동 수상했다.

조현병 치료에는 비약물적 방법 또한 사용된다. 대표적으로 전기경련요법electroconvulsive therapy, ECT이 있다. 약물치료보다 이른 1930년대 후반부터 시행되어왔으며, 임신부나 노인에게도 사용할 만큼 안전한 치료법이다. 잭 니컬슨의 열연으로 유명한 영화 〈뻐꾸기 둥지 위로 날아간 새〉로 인해 전기충격요법이 비인간적으로 묘사되어 일반인에게 각인되었지만, 이제는 마취 후 요법을 시행하므로 그런 우려는 할 필요가 없다. 특히 조현병 환자 중 20퍼센트 내외는 약물치료의 효과가 없기 때문에 전기경련요법을 병행해 치료하는데, 실제로 망상이나 환각 등의 증상이 상당히 호전되는 것을 관찰할 수 있다.

그뿐만이 아니라 전기경련요법은 우울증 치료에도 효과적이라고 알려져 있으며, 특히 약물 부작용의 우려가 있는 노인 우울증에 적합하다. 오늘날 미국에서는 가장 중요한 우울증 치료 방법 중 하나이기도 하다.

정신도 재활이 필요하다

비약물치료의 또 다른 방법에는 운동이 있다. 꾸준한 운동이 정신건강 전반에 도움이 된다는 것은 이제 정설이 됐다. 운동은 기본적으로 우울 및 불안 증상을 호전시키는 데 도움이 된다고 알려져 있으며, 그 효과가 항우울제와 비슷한 정도다. 조현병 환자 또한 마찬가지인데, 3개월간 유산소 운동을 한 조현병 환자 그룹은 그렇지 않은 그룹에 비해 해마의 크기가 유의미하게 커진다는 연구 결과도 있다. 운동이 조현병의 기억력 저하 같은 인지 증상에 도움이 된다는 것을 간접적으로 시사하는 결과다.[32]

일상에서의 규칙적인 생활도 중요하다. 규칙적인 생활

은 감정 조절에 도움이 되고, 사고나 집중력 등의 전두엽 기능을 끌어올리는 데에도 도움이 된다고 알려져 있다. 일정한 사이클에 따라 몸속에서 분비되는 다양한 호르몬은 불규칙한 생활에서는 제대로 생성되지 못한다. 몸의 균형이 깨지면 건강에 적신호가 켜질 수밖에 없다.

그뿐만이 아니라 스트레스가 조현병의 발병 및 악화 인자로 꾸준히 보고되고 있는 만큼 스트레스를 관리하는 것 또한 필수적이다. 마음과 두뇌의 휴식, 명상, 멍때리기, 주 1회 이상의 여가 활동 등과 함께 적절한 대인관계를 유지하는 것은 조현병의 정신 재활 치료 관점에서도 중요한 요소다.

사실 적당한 운동과 규칙적인 생활, 스트레스 관리 등은 조현병 환자뿐만 아니라 모든 현대인이 건강한 정신을 유지하는 데 필수적인 요소다. 비록 계획대로 되지 않는다고 해도, 오늘부터 다시 계획한다는 마음가짐으로 계속해서 실천하려는 노력이 중요하다.

뇌의 문제로 발생하는 우울증 및 조현병은 다양한 정신적 문제를 넘어 신체적 장애까지 일으킨다. 그런 만큼 뇌는 오늘날 정상과 비정상을 구별할 수 있는 하나의 척도다. 하지만 우울에 빠진 뇌도, 조율되지 않는 뇌도 치료를 통해 개선될 수 있다. 그러기 위해서는 정신질환으로 고통받는 환자들을 사회적 낙인을 찍어 고립시켜서는 안 될 것이다.

3부 _____

행복은
마음이

아닌

머릿속에
있다

스트레스로 점철된 사회에서 사람들은 행복해지기 위해 발버둥 친다. 하지만 행복에 집착할수록 더욱 불행해지는 마음과 마주한다. 사실 행복해지는 방법은 아주 간단하다. 마음을 주관하는 곳, 바로 뇌를 건강하게 하는 것이다.

프로이트에서 푸코까지, 정신분석의 탄생

행복하지 않은 사람들

한때 유행했던 '웰빙'이라는 개념에는 개인의 '안녕' 또는 '행복' 그리고 이를 얻고 유지하고 싶어 하는 바람이 담겨 있다. 그런데 안녕이나 행복을 머릿속으로 생각했을 때 구체적인 단어나 형상을 떠올리기는 쉽지 않다. 아마 그 이유는 안녕과 행복이 무엇 하나만으로, 또는 단순한 몇 가지의 조합만으로 달성할 수 있는 단순한 개념이 아니기 때문일 것이다. 물론 몇 가지 공통분모가 존재할 수는 있다.

로또에 당첨되어 돈벼락을 맞거나, 높은 업적으로 명예를 얻거나, 운명적인 사랑을 하는 상상은 우리를 잠시나마 행복하게 한다. 하지만 과연 이것만으로 충분할까? 돈, 명예, 사랑이 있어도 기본적인 안전이나 의식주가 위협받는다면 행복하기 어렵다. 반대로 의식주는 충족됐지만 명예나 사랑이 없는 삶도 마찬가지다.

행복도를 조사한 다양한 연구에 따르면 우리나라 사람들의 행복도는 상당히 낮은 수준이다.《동아일보》와 딜로이트컨설팅이 조사한 주관적 행복도인 '동아행복지수'의 점수는 2019년 12월 100점 만점에 55.95점이었다. 조사를 처음 시작한 2015년 이래 가장 낮은 수치였다. 경제적 만족도나 심리적 안정감이 떨어진 결과로 풀이된다.[33] 경쟁의 심화와 이로 인한 양극화, 고령화 사회로의 진입과 경제 침체 등의 여러 가지 요인이 영향을 미친 것이다.

또한 조사에 따르면 1990년과 비교해 2017년 우리나라 사람들의 행복지수는 OECD 31개 회원국 중에서 여전히 하위권에 머물렀다. 지난 27년간 4배 넘게 높아진 소득 수준과 달리 행복지수는 여전히 낮은 것이다. 전문가들은 이를 다양한 범죄와 사고로 안전에 대한 불안감이 커지고, 사회 구성원 사이의 신뢰 하락으로 계층과 세대 간의 갈등이 확산된 탓이라고 분석했다.[34]

조사 결과 우리나라의 주요 17개 정신질환 평생 유병률은 25.4퍼센트로, 성인 4명 중 1명이 평생 한 번 이상 정신질환을 겪는 것으로 나타났다. 반면 이를 전문가와 상의한 경험이 있는 사람은 10명 중 2명 정도에 불과해 선진국에 크게 못 미쳤다. 지난 1년간 정신건강 문제를 경험한 사람을 의미하는 '일년유병률'은 2017년에 발표한 보고서 기준 11.9퍼센트로, 연간 470만 명이 정신질환 문제를 겪었다.[35]

이와 더불어 한 사회의 정신건강을 보여주는 지표인 자살률 또한 여전히 높았다. 통계청에서 발표한 「2018년 사망원인통계」에 따르면, OECD 기준 인구로 연령 구조 차이를 제거해 계산한 '연령표준화자살률'에서 2018년 기준 우리나라의 자살률은 10만 명당 24.7명으로 OECD 평균인 11.5명에 비해 2배 이상 높았다.[36] 또한 다음 해 조사한 「2019년 사망원인통계」에 따르면 하루 평균 자살자 수는 37.8명이었으며, 앞서 이야기했듯이 10~30대의 사망 원인 1위는 전년도에 이어 자살이었다.[37]

인간의 정신을 분석하다

미셸 푸코Michel Foucault가『광기의 역사Histoire de la folie à l'âge classique』에서 이야기했듯이 인간은 역사적으로 정신질환자들을

'나' 그리고 '우리'와 다른 '그들'로 취급했으며, 그들에 대해 '공포'와 '격리'의 반응을 보였다.

실제로 정신과 약물이 발견되고 상용화되기 시작한 1900년대 중후반 이전까지 중증 정신질환자는 경멸의 대상으로 사회에서 격리됐으며, 경증 정신질환자는 가족이 쉬쉬했다. 배를 태워 바다로 내보내거나 요양원과 같은 시설에 가두기도 했으며, 그 안에서도 증상에 따라 강박을 가했다. 우리나라에서는 귀신에 씐 것으로 보고 굿을 하기도 했다.

또한 열이 나면 증상이 나아진다고 생각해서 의도적으로 말라리아균을 혈액에 주입하는 요법malaria fever therapy을 사용하기도 했다. 이 외에도 도구를 이용해 두개골을 뚫어 뇌를 파괴하는 전두엽 절제술frontal lobectomy을 시행하기도 했다. 지금 생각해보면 정말 어처구니없는 방법이지만, 1949년 노벨 생리의학상을 수여했을 정도로 당시에는 정신질환자를 치료하는 훌륭한 방법으로 여겨졌다. 뇌의 기능과 정신질환의 발현 간 상관관계를 알지 못했기 때문이다.

오스트리아의 의사이자 심리학자인 지크문트 프로이트는 그런 맥락에서 등장했다. 오늘날 정신분석학의 창시자

이자 20세기 가장 영향력 있는 사상가로 불리는 프로이트의 이론은 심리학이나 정신의학 등의 특정 학문에 머물지 않고 영화나 소설 등 다양한 예술 분야에서 이용되는 패러다임이기도 하다.

특히 프로이트는 신경증이라고 불리는 히스테리, 강박증, 공포증 등의 치료를 시도하며 환자로부터 얻은 정신 병리와 그 근원을 분석하고자 노력했다. 이 과정에서 동료 의사 요제프 브로이어Josef Breuer의 환자였던 안나 오Anna O.의 사례가 중요한 기점이 됐다. 본래 안나 오는 당대 부유한 가정에서 태어나 고등교육을 받고 자란 지식인 여성이었다. 하지만 병든 아버지를 간호하던 중 여러 이상 증세를 갖게 되는데, 물을 삼키지 못하고 마른기침을 하거나 뱀 등의 환각을 봤으며 때로는 몸이 마비됐다. 여기에 모국어인 독일어를 잊어버려 영어나 프랑스어로만 대화가 가능하기도 했다.

브로이어는 이를 프랑스의 신경병리학자 장 샤르코Jean Charcot에게 배운 최면술로 치료했는데 이를 정화법, 이른바 카타르시스법cathartic method이라고 한다. 억눌렸던 감정적 기억이 대화를 통해 의식으로 올라오면서 카타르시스를 경험한다는 것이다. 프로이트는 이 사례를 관찰하며 히스테리, 인간의 마음, 정신치료 과정에서 발생하는 전이 transference 등의 현상을 처음으로 깨닫게 되었다. 이후 프로이트와 브로이어는 안나 오의 사례를 비롯해 다양한 사례 연구를 바탕으로 한 『히스테리 연구Studien uber Hysterie』를 공동 집필했다.

이는 프로이트 정신분석학 이론의 서막이 됐다. 하지만 프로이트는 최면 요법을 치료에 활용하던 중 최면에 걸리지 않는 사람들이 존재하는 등의 여러 한계에 부딪혔다. 이에 멀쩡한 정신 상태에서 과거의 이야기를 대화하는 자유연상법free association을 시도했는데, 이것이 바로 정신분석학의 시초가 된다. 자유연상이란 말 그대로 '자유롭게 연상한다'라는 의미로, 의식에 떠오르는 생각을 그대로 말하게 하는 기법이다. 안나 오의 표현대로라면 '굴뚝 청소chimney sweeping'를 하듯이 의식에 떠오르는 생각들을 긁어 털어내는 것과 같다. 프로이트는 이를 토대로 히스테리를 비롯한 신경증의 특징과 근원을 찾고, 이를 치료하고자 했다.

자유연상 과정에서 프로이트는 신비한 현상을 발견했다. 환자들이 처음에는 전혀 인지하지 못했던 히스테리 증상의 시초나 당시의 상황을 떠올린 것이다. 프로이트는 이로부터 '무의식unconsciousness'의 존재를 발견했다. 즉 자신이 왜 그렇게 행동하는지, 어떻게 해야 그런 행동을 멈출 수 있는지의 문제는 본래 '무의식'의 영역에 있었지만, 최면이나 자유연상을 지속함에 따라 이것이 '전의식preconsciousness'으로 올라왔고, 이후 신경증의 원인과 이유를 점차 '의식consciousness'할 수 있게 됐다는 것이다.

이에 따르면 인간의 의식은 비교적 작은 부분으로 생활의 필요나 치료를 통해 드러나는 반면, 무의식은 미처 인지하지 못하지만 훨씬 더 많은 부분을 차지하고 있다. 안나 오의 경우 억압된 과거의 격렬했던 감정 기억들이 무의식의 영역에서 신체화된 증상을 일으킨 것이다. 실제로 안나 오는 치료를 통해 억눌렸던 감정이 의식화되면서 신체 증상이 개선됐고, 명망 있는 여성 운동가로서 삶을 꾸려갔다. 이처럼 프로이트는 정신이 육체를 지배한다는 사실로부터 무의식과 의식의 영역을 새로이 규정함으로써 이른바 '마음의 체계'를 새로이 썼다.

마음의 실체를 드러내다

프로이트에게 겉으로 보이는 의식적인 것, 의식할 수 있는 것은 아주 일부분이었다. 마치 바다에 떠 있는 얼음처럼. 사실 그 밑에는 더욱 큰 무의식이 존재하는 것이다. 프로이트는 의식과 무의식의 영역을 더욱 세분화해 이드^{id}, 에고 ^{ego}, 슈퍼에고^{superego}로 나눴다. 이드는 원본능, 에고는 자아, 슈퍼에고는 초자아를 의미한다.

이드는 무의식적인 영역에서 개인의 욕구와 욕망, 충동 및 생존과 관련된 역할을 담당한다. 슈퍼에고는 주로 후천적으로 학습된다고 여겨지는데, 양심이나 도덕 등과 같이 어떤 행동이 옳은지 그른지 등의 가치 체계를 의미하며 무의식 및 의식에 걸쳐 형성된다. 바람직하지 못하다고 생각되는 행동을 하면 죄책감을 느끼게 하는 역할을 한다. 에고는 이드와 슈퍼에고 사이에서 의식적 및 무의식적인 조율을 통해 이드가 현실 법칙을 넘어 작동하지 않도록, 또 슈퍼에고가 과도하게 발동하지 않도록 조율하는 역할을 한다.

이드, 에고, 슈퍼에고 프레임은 오늘날에도 우리의 마음뿐만 아니라 사회 문화적 현상을 설명하는 데 많이 사용된다. 실제로 많은 사람은 일상의 순간순간에 여러 가지 충동

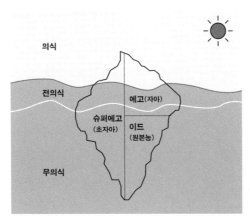

무의식과 의식의 영역에 자리한 이드, 에고, 슈퍼에고

을 경험한다. 편의를 위해 규칙을 어기고 싶다는 마음이 들기도 하고, 기분이 나빠서 다른 사람을 해하고 싶어지기도 한다. 하지만 대부분은 그런 충동을 억누르고 사회적으로 적절한 행동을 하려고 한다. 무의식 영역에서 이드, 에고, 슈퍼에고의 조율을 통해서다.

물론 이런 프로이트의 주장은 많은 비판을 받았다. 이른바 신프로이트 학파neo-Freudians에 의해 프로이트의 정신분석학적 개념은 이후 여러 수정을 거쳤다. 이들은 한 사람의 인격 발달에서 생물학적 요인이 아닌 사회 문화적 영향을 강조했는데, 대표적인 학자로는 에리히 프롬Erich Fromm, 카를 융, 알프레트 아들러Alfred Adler, 에릭 에릭슨Erik Erikson, 오토 랭크Otto Rank, 카렌 호나이Karen Horney, 해리 설리번Harry Sullivan 등이 있다.

에릭슨은 부모 외에 다양한 사회적 관계에서의 경험들을 통한 자아의 발달을 전 생애에 걸쳐 8단계로 구분했다. 이는 오늘날 '에릭슨의 심리 사회적 발달 이론'이라고 불린다. 아들러는 성sex이 아닌 심리적 열등감에 주목해 인간을 바라봤으며 이를 극복하고 우월해지려는 힘을 '권력에의 의지will to power'라고 말했다. 그런가 하면 융은 개인의 무의식에서 더 나아가 역사와 문화를 통해 공유한 집단 무의식을 강조하며 인류의 정신문화 발달에 초점을 두었다.

한편 2012년 국제 학술지《사이언스Psyence》에는 이드, 에고, 슈퍼에고와 관련된 뇌 자극을 가함으로써 뇌 특정 부위와의 관련성을 분석한 연구가 발표됐다. 흥분을 유발하는 이미지, 자신과 타인의 얼굴, 부모의 얼굴을 담은 사진을 이용해서 이드와 에고, 슈퍼에고를 자극할 만한 실험 자극을 만든 후 이를 fMRI로 촬영한 실험이었다. 그 결과 이드와 관련된 자극에서는 뇌간brain stem, 에고와 관련된 자극에서는 전대상 이랑, 슈퍼에고와 관련된 자극에서는 전전두엽과 두정엽에 걸쳐 활성이 증가했다. 뇌간은 뇌 깊숙한 곳에 자리하고 있는 만큼 원초적이고 동물적인 본능과 관련되어 있는 것이다. 또한 앞서 이야기했듯이 고등동물일수록 신피질의 발달이 두드러지는데, 억제력과 관련된 전두엽이 슈퍼에고와 관련되어 활성화된 것 또한 설득력 있는 결과였다. 이드와 슈퍼에고를 조율하는 에고 관련 자극에 뇌에서 갈등을 확인하고 조절하는 부위인 전대상 이랑이 활성화된 것 또한 마찬가지다. 프로이트의 마음의 이론이 정교한 통계학적 분석을 통해 설명된 것이다.[38]

이 연구는 발표됐을 당시 사회적으로 큰 주목을 받았다. 프로이트의 이론이 신경과학적으로 타당하다는 근거가 됐기 때문이다. 하지만 안타깝게도 후에 이 논문은 조작된 것으로 밝혀졌다. 그 외에도 프로이트의 이론이 심리 가설에 그치지 않는다는 것을 밝히기 위해 뇌 기질neural substrate을 찾아 증명하려는 시도는 실제로 많았다. 뇌과학이 아직 발달하기 전, 인간의 마음을 어떻게든 분석해보고자 했던 앞선 욕망의 결과였다.

잘못된 믿음을 바로잡는
과학적 발견들

치료의 대상으로 인식된 정신질환

만약 가족 또는 주변의 지인이 심한 우울증을 앓고 있는 것 같다면 어떻게 대처할 것인가? 선택지는 두 가지다. 첫째, 우울증은 마음의 문제이니 스스로 해결할 수 있다고 위로한다. 둘째, 우울증은 자신의 의지와 상관없이 올 수 있으므로 치료를 권유한다. 뇌과학의 발달과 우울증에 대한 사회적 인식이 상당 부분 개선된 오늘날에는 아마 대부분 사람이 두 번째 방법을 선택할 것이다. 하지만 비교적 오래지 않은 1990년대까지만 하더라도 우울증을 개인적인 마음의 문제로 치부하는 경우가 대부분이었다.

물론 첫 번째 방법 또한 틀렸다고 할 수 없다. 우울증은 마음의 문제이기도 하므로 약한 정도의 우울증은 스스로 해결할 수 있으며, 치료가 아니더라도 운동이나 주변 사람들의 격려 등 뇌를 활성화하는 여러 가지 방법을 통해 나아질 수도 있다. 그렇지만 아주 심한 우울증은 이런 방식으로 치료할 수 없다. 뇌의 기능을 바꿔주는 실질적인 치료를 통해서만 극복할 수 있다.

우울증에 대한 사회적 인식이 개선된 것은 1950년대 이후 정신질환에 대해 치료 효과를 보이는 약물이 발견되기 시작하면서부터다. 클로르프로마진chlorpromazine은 1950~1960년대에 사용된 최초의 항정신병 약물로, 본래는 마취 약물로 개발됐다. 그러다가 조현병 환자의 환청 및 망상을 줄이는 효과가 발견됐고, 그때부터 조현병에 대한 항정신병 제제 시대의 막이 열렸다. 1951년에는 이미프라민imipramine이라는 삼환계 항우울제tricyclic antidepressant, TCA가 발견됐다. 본래 이미프라민은 항히스타민제antihistamine로 합성되어 항정신병 약물로 실험됐지만 별 효과가 없었고, 오히려 항우울 효과가 있다는 것이 밝혀졌다.

1970년대에는 프로작Prozac의 항우울 효과가 발견됐으며, 1980년대부터 본격적으로 우울증 치료에 사용됐고

2000년대에 폭발적으로 처방됐다. 프로작의 가장 큰 특징은 선택적 세로토닌 재흡수 차단제selective serotonin reuptake inhibitor, SSRI 계열의 항우울제라는 점이다. TCA는 여러 신경전달물질에 영향을 주기 때문에 그만큼 부작용이 많지만 SSRI는 세로토닌 재흡수만 차단하기 때문에 그만큼 부작용이 적다는 장점이 있다.

한편 프로작이 우울증 외에도 대인관계를 원활하게 하고 성격을 온화하게 해준다는 등의 이야기는 미국 사회에서 굉장한 관심을 끄는 주제였다. 그래서 한때 미국 약물 사용 1위를 차지할 만큼 많이 사용되기도 했다. 프로작의 개발로 성형정신약물학cosmetic psychopharamcology이라는 학문이 생겨났을 정도다. 성형외과가 신체를 성형해서 아름답게 만드는 것처럼 마음을 약물로 성형한다는 의미로, 다시 말해 약물을 사용함으로써 마음이 편해지고 대인관계도 원만해진다는 뜻이 담겨 있다. 이를 바탕으로 정신과 의사 피터 크레이머Peter Kramer는 『프로작 듣기Listening to Prozac』라는 저서에서 항우울제의 사회적 및 윤리적 의미를 이야기하기도 했다.

이처럼 1900년대는 다양한 약물의 개발로 조현병, 우울증, 조울증 등의 실질적인 치료가 이뤄진 시기였다. 과거에는 조현병, 우울증, 조울증 등의 원인을 알 수 없었기에 단순히 마음의 문제나 개인의 잘못으로 여기는 인식이 팽배했다. 하지만 오늘날 이들 질환은 특정 신경전달물질의 불균형에 원인이 있다는 것이 밝혀졌으며, 여기에는 신경과학의 발전이 큰 역할을 했다.

앞서 이야기했듯이 뇌는 수많은 신경세포와 시냅스로 이뤄져 있으며, 인간의 정신 기능은 신경세포 간에 주고받는 신경전달물질을 통해 이뤄진다. 이때 시냅스는 신경전달물질의 분비, 재흡수 등이 나타나는 신경세포의 활성 조절이 일어나는 공간이다. 대표적인 신경전달물질로는 도파민, 세로토닌, 아세틸콜린, 히스타민 등이 있다. 현재 사용되는 항정신병 약물이나 항우울제는 모두 이런 신경전달물질의 작용을 바꾸는 원리로 탄생했다. 앞서 언급한 클로르프로마진은 조현병 환자의 선조체에서 과도하게 분비되는 도파민을 줄여줌으로써 환청 및 망상을 치료하며, 프로작은 우울증 환자의 시냅스에서 세로토닌의 재흡수를 막아 시냅스 간극에서 세로토닌 양을 늘림으로써 우울증을 개선한다. 세로토닌의 재흡수를 선택적으로 차단해 시냅스에서 세로토닌의 양을 늘려 활성을 높이는 것이다.

정신질환의 드러나지 않은 이면

정신과에 대한 편견이 어느 정도 개선된 오늘날에도 약물을 통해 정신질환 또는 정신적인 문제를 해결한다는 것은 그리 긍정적으로 받아들여지지 않는다. 지금도 그런 만큼 이런 개념이 처음 제기된 당대에는 마음의 문제를 물질로 해결한다는 것에 주류 학계를 비롯한 많은 사람의 반발이 있었다. 그래서 당시에는 상담 및 정신치료가 주된 방법으로 쓰였다. 오늘날에는 우울증의 경우 약물이 주된 치료 방법이고 오히려 상담이 보조적인 역할을 하지만, 당시만 하더라도 그 반대였다. 약물로 정신을 치료한다는 개념 자체를 받아들이지 못했다.

우울이나 불안 등 겉으로 보이는 정신 현상의 밑에는 인지 기능의 장애가 자리하고 있다. 집중력, 기억력, 공간 지각력, 현실 판단 능력, 문제 해결 능력 등의 다양한 인지 기능에 문제가 있는 것이다. 이런 인지 기능은 특정 신경회로의 영향 아래에 있다. 그리고 이들 신경회로는 신경세포로 이뤄져 있으며, 단백질을 구성성분으로 한다. 결국 표면적

정신 현상의 단계별 영향

으로 드러난 정신 현상을 거슬러 올라가면 가장 원초적인 존재, 유전자가 자리하고 있는 것이다. 즉 우울증이나 불안장애 등의 치료는 겉으로 보이는 정신 현상을 넘어, 인지 기능을 개선하고 신경회로나 신경세포의 기능을 활성화하는 등의 모든 단계와 연결되어 있다.

이를 통해 생각해보면 정신 현상은 과학적으로 충분히 측정 가능하다는 것을 알 수 있다. 보통 정신질환 치료를 정신치료나 약물치료에 국한해서 생각하지만, 오늘날에는 뇌 인지과학을 이용해 정신 현상을 측정하는 방법이 갈수록 정교해지고 있으며, 이에 따라 다양한 치료법이 속속 등장하고 있다. 정신 증상의 하위에 존재하는 인지 기능을 측정해 진단하고 치료할 수 있게 된 것이다.

예를 들어 조현병과 자폐증, 강박증이나 섭식장애 환자들에게서 흔히 관찰되는 '강박 증상'은 전략 고수, 고집스러운 반복 행동, 부적절한 습관 유지, 변화를 두려워함, 전형적인 행동 반복 등의 인지 기능들과 관계된다. 한편 ADHD와 조증, 중독장애에서 흔히 관찰되는 '충동 증상'은 충동적 선택, 지연 혐오, 급한 결정, 빈번한 선택 변경, 가치 감각의 급격한 변화 등의 인지 기능으로 설명된다. 이 두 가지 증상에는 행동의 억제나 반응 조절이 어렵다는 공통점이 있다. 정신 증상보다 하위 단계인 강박 및 충동 증상의 경우에는 신경 심리 검사 중에서 공간 지각 능력에 대한 검사를 통해 그 기능을 평가할 수 있다.

앞서 이야기했듯이, 인지 기능 이상은 신경회로의 기전을 통해 원인을 파악해볼 수 있다. 뇌에 자극이 들어오면 감각 피질은 정보를 전두엽을 비롯한 뇌의 각 영역에 전달한다. 그중 충동 조절은 반사적인 자동 반응을 적절한 시점까지 억제하는 고위 기능에 해당한다. 그 자체로 이익과 손해를 판단하도록 습득되어 있는 신경계의 조건반응인 것이다.[39] 이렇듯 겉으로 보이는 정신 증상 아래에 인지 기능의 변화, 뇌 신경회로의 이상, 그 아래에 있는 신경세포의 이상이 존재한다. 그 아래에는 신경세포를 구성하는 여러 단백질의 이상, 궁극적으로는 유전자에 이르기까지 우리가 보지 못하는 현상들이 존재한다. 단계별로 상관관계를 통해 궁극적으로 정신 증상이라는 현상이 나타나는 것이다.

뇌의 활동을 통해 치료하다

신경 심리 검사나 임상 평가가 여전히 사람의 인지나 행동을 표면적으로 관찰한 것이라는 점에서 오늘날 발달한 다양한 뇌 영상술은 정신 현상의 과학적 분석에 큰 보탬이 됐다. MRI나 뇌파 측정을 통해 정신 현상의 표면적 관찰을 넘어, 인지 심리 기능을 포함한 정신 현상 기저의 생리학적 활동 또한 관측할 수 있게 됐기 때문이다.

　실제로 뇌를 특정 상황의 소리나 이미지 자극에 노출하면 뇌 신경세포의 기능들이 실시간으로 변화하며 자극의 종류에 따라 다르게 반응하는 것을 관찰할 수 있다.[40] 이는 약 1000억 개에 이르는 뇌 신경세포와 100조 이상의 시냅스 연결을 통해 나타나는 지각 및 인지 기능, 복합적인 정보처리 과정을 현재의 뇌 영상술을 통해 관찰할 수 있다는 의미이기도 하다. 뇌 영상술을 통해 기본적인 인지 심리 과정이 뇌에 매핑되는 패턴을 볼 수 있을 뿐만 아니라, 미지로 생각되던 정신질환의 뇌과학적 특징까지 밝혀낼 수 있는 것이다.

이와 더불어 정신질환 연구와 관련하여 세계적으로 가장 큰 단체인 국제뇌연구협의체 이니그마enhancing neuroimaging and genetics through meta-analysis, ENIGMA 컨소시엄에서는 각종 주요 정신질환의 뇌 생물 지표들을 조사하는 작업을 진행하고 있다. 다양한 정신질환자의 뇌 MRI, 인지기능, 유전자 등을 측정해 특정 정신질환과 관련된 생물학적 이상을 연구하는 모임으로, 우리나라에서는 서울대 연구팀에서도 참여하고 있다. 연구에 따르면 조현병은 전두엽과 후두엽을 포함한 모든 뇌 영역의 피질 두께가 얇아져 있으며, 주요우울장애는 다른 뇌 영역들에 비해 측두엽에 구조적 이상이 있는 것으로 확인됐다. 자폐증 또한 전두엽과 측두엽에 문제가 있었다. 뇌의 어떤 차이가 정신질환의 원인이 되는지를 규명할 수 있는 날이 머지않았음을 보여준다.[41]

마음의 문제는
어떻게 해결하는가

생각과 신경을 정상화하다

뇌의 기능 및 구조적 메커니즘을 바탕으로, 이제는 정신질환을 치료하는 데 인지행동치료나 신경조절술과 같은 뇌인지과학적 증거에 기반한 치료를 적용할 수 있게 됐다. 그중 인지행동치료란 쉽게 말해 사람의 생각과 감정과 행동은 서로 영향을 준다는 기본 원리에 바탕을 둔 치료다. 어떤 사건이 일어나면 사람들은 이에 대한 인지적 평가를 하게 되고, 그에 따라 감정이 발생하고, 이 감정은 행동으로 이어진다. 이 과정에서 인지와 감정과 행동은 서로 영향을 주고받으며, 다음 사건이 일어났을 때 인지·감정·행동의 상호작용에 영향을 준다.

그러므로 인지행동치료란 정신질환을 인지와 행동 두 측면에서 모델링하고, 문제가 되는 인지나 행동을 보다 적응적이고 합리적으로 바꾸는 치료법이다. 강박증 환자는 반복적으로 발생하는 침투적 사고 때문에 심한 불안을 느끼며, 이런 불안을 피하기 위해 반복적인 행동을 한다. 예컨대 세균에 오염되어 큰 병에 걸려 죽을 것 같다는 강박 사고를 없애기 위해 반복적으로 손을 씻는 강박 행동을 반복하는 것이다.

이런 환자들을 대상으로 해서는 '노출과 반응 방지 exposure and response prevention, ERP' 기법을 사용할 수 있다. 불안을 유발하는 자극에 의도적으로 환자를 노출하고, 불안 감소 전략으로 사용하던 반복적인 중화 행동을 차단하는 방식이다. 행동뿐만 아니라 인지적 오류 부분에서도 치료가 가능하다. 이를 위해서는 습관적으로 떠올리던 생각에서 벗어나 '대안적 사고'를 찾는 힘을 기르게 하는 것 또한 중요하다.[42]

신경조절술 또한 정신질환을 치료하는 중요한 방법이다. 정신질환을 마음의 병이라고 치부했던 이전과 달리, 이제는 뇌 영상술의 발달로 뇌의 기능적 및 구조적 신경 네트

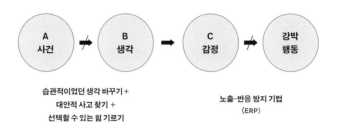

인지행동치료의 종류와 개선 과정

워크를 통해 특정 부위의 이상 여부를 확인할 수 있게 됐다. 신경조절술은 직접 및 간접적으로 뇌 특정 영역이나 네트워크에 전류를 흘려 뇌 신경계가 다시 정상 활동을 할 수 있도록 자극을 가하는 기법을 말한다.

신경조절술은 현재도 다양하게 개발되고 있지만, 침습 정도와 대상의 범위 및 위치에 따라 크게 네 가지로 나눠볼 수 있다. 앞서 이야기했듯이 뇌 심부에 전극을 직접 연결해 자극하는 DBS, 대뇌 피질 표면에 비침습적으로 반복적인 전기 자극을 주는 rTMS^{repetitive TMS}, 대뇌 피질에 약한 전류를 흘려 신경세포를 자극하는 tDCS, 전기 충격을 주는 방법인 ECT가 그것이다. 모두 신경회로의 기능을 조절함으로써 정신 현상을 바꾸는 방법들이다.

뇌 연구의 경계가 허물어지다

약물치료 또한 오늘날 정신질환에 사용하는 대표적인 치료법이다. 여기에는 한 가지 맹점이 있는데, 특정 약물이 어떤 환자에게는 효과가 좋지만 반응을 보이지 않는 환자도 있다는 것이다. 표면으로 드러난 정신 현상 기저에 있는 신경회로의 문제, 인지 기능의 문제가 개인마다 조금씩 다른 탓이다. 실제로 강박증 환자 중 절반 정도는 세로토닌을 늘려주는 약물에 효과를 보이지 않는다. 왜 같은 질환인데 환자마다 약물 반응성이 다른 것일까?

바로 생물학적 차이, 즉 뇌의 차이 때문이다. 동일한 정신질환을 진단받고 비슷한 증상을 보이는 환자들도 실제 기저에서 작동하는 뇌 신경 메커니즘 등의 바이오타입 biotype은 다를 수밖에 없고, 이런 차이가 약물에 대한 반응성에도 영향을 미친다. 따라서 정신질환을 치료할 때는 진단 기준과 더불어 환자 개인의 생물학적 특성을 고려한 개인 맞춤형 치료가 중요하다. 이와 더불어 일상생활에서 시시각각 변하는 인지 심리 상태도 고려할 수 있다면 더욱 적절한 치료가 이뤄질 수 있다.

바이오타입별로 적합한 치료를 하기 위해서는 먼저 환자 개인이 어떤 바이오타입에 속하는지, 즉 어떤 생물학적 특성을 갖는지 살펴봐야 한다. 뇌 구조, 기능적 및 구조적 신경망의 복합적인 데이터를 활용해 몇 가지 타입으로 분류하는 것이다. 이때 인지행동, 약물 반응성, 유전적 특징의 차이까지 복합적으로 고려할 수 있다. 여기에는 머신러닝machine learning, 딥러닝deep learning 등의 인공지능artificial intelligence, AI 방법이 이용되는데, 이를 바탕으로 동일한 생물학적 유형끼리의 바이오타이핑이 이뤄진다. 약물치료나 신경조절술을 시행할 때도 직접적인 뇌 기능 변화를 목표로 개인 맞춤형 치료를 할 수 있다는 점에서 더욱 긍정적이다.

이때 고려해야 할 중요한 점은 개인이 실생활에서 겪는 정신적·심리적 고통까지 놓쳐서는 안 된다는 것이다. 따라서 증상의 변화를 실생활에서 기록하고 상담할 수 있어야 하며, 그래야 이를 토대로 인지행동적 적응 방안을 시기 적절하게 제시할 수 있다. 이를 위해 우리나라에서 개발된 '마성의 토닥토닥(마음성장 프로그램 토닥토닥)' 앱은 환자뿐만 아니라 정신의 고통을 호소하는 다양한 개인이 실생활

에서 정신건강 전문가와 소통하고 해결 방안을 제시받을
수 있는 플랫폼이다. 고려대(허지원 교수)와 덕성여대 연구
팀이 정신건강 기술 개발 사업의 일환으로 개발했다.[43]

인간의 정신건강을 향한 과학적 연구는 하루가 다르게
발전을 거듭하고 있으며, 성과도 많이 나오고 있다. 그리고
이제 현대 과학은 컴퓨터와 뇌 연구의 경계 또한 허물어뜨
리고 있다. 정보 기술과 바이오 기술이 따로 존재하는 것이
아니라 하나로 융합되어, 컴퓨터는 생체화되고 생물학은
데이터 사이언스로 변하며 서로 접근하고 있다. 이 과정에
서 탄생한 브레인 테크brain-tech는 미래를 여는 새로운 산업
이라고 할 만하다.

뇌 속 네트워크를 3차원 내비게이션 지도로 보여주고,
마비 환자가 생각만으로 의족을 움직이며, 뇌 신경세포와
닮은 반도체를 설계하는 세상이 다가오고 있다. 이미 과학
선진국들 사이에서는 소리 없는 전쟁이 시작됐다. 우주 산
업과 마찬가지로, 소우주라고 할 수 있는 뇌의 미개척지를
먼저 점령하려는 기초 및 응용 연구의 산업화 경쟁이 날로
치열해지고 있다.

감정을 주관하는 뇌의 작용

정신질환이란 마음의 병이 아닌 신경세포의 신호나 신경전달물질의 불균형 등의 신경과학적인 문제로 발생한다. 꼭 정신질환이 아니더라도, 누구나 살아가며 겪을 수 있는 가벼운 우울이나 불안 등의 증상도 마찬가지다. 이 말은 곧 마음에 생긴 가벼운 정도의 고통이라면 시간에 따라 또는 의지를 통해 해결되겠지만, 어느 정도 이상을 넘어섰을 때는 의지 자체보다는 뇌의 신경적인 불균형을 정상화하는 것이 도움이 될 수 있다는 의미다.

우리가 마음의 상처를 돌보는 데에는 평범한 일상을 살아가고 내인관계를 맺고 자아를 실현하는 등의 다양한 이유가 있을 테지만, 이를 한마디로 표현하자면 '행복해지기 위해서'라고 할 수 있다. 이때 행복이 마음의 안녕 또는 평화를 의미한다면, 신경과학적으로 본 행복이란 뇌의 기능이 평화롭게 유지되는 상태가 아닐까?

행복의 중요한 요소라고 할 수 있는 즐거움, 즉 쾌락은 도파민 시스템에 의해 조절된다. 뇌의 복측피개 영역ventral tegmental area, VTA이라고 하는 도파민 중추가 존재하는 곳으로, 주로 쾌락과 관련한 보상회로reward system를 담당한다. 코카인cocaine과 같은 마약, 음주, 흡연 등의 중독과 관련되어 있기 때문에 '중독 중추'라고 부르기도 한다. 쾌락은 중독성이 있으며, 단기간에 작용하고, 말초적이며 직관적인 감각을 사용한다. 물건을 소비하듯이 더 많이 경험하고자 하는 욕구가 강해지고, 주로 혼자서 경험하며, 계속해서 더 요구하는 특성이 있다. 도파민 중추가 비정상적으로 활성화되면 같은 자극에 대해서는 반응이 줄어들고 더 크고 강렬한 자극에 의해서만 도파민이 분비되므로, 결국 중독 현상으로 이어지게 된다.

1954년 캐나다 맥길대학교의 제임스 올즈James Olds와 피터 밀너Peter Milner가 이와 관련한 실험을 했다. 쥐의 뇌에 전극을 꽂아 스위치를 누를 수 있도록 장치했는데, 놀랍게도 쥐들은 1시간당 많게는 7000번이나 스위치를 눌렀으며 먹는 것도 잊고 스위치를 누르다가 결국 굶어 죽은 쥐도 있었다. 이때 전기 자극이 가해진 부위가 바로 쾌락 중추pleasure center에 해당했다.

물론 쾌락이 나쁜 것만은 아니다. 목표를 성취하고 취미 생활을 하거나 맛있는 음식을 먹는 것과 같이 즐거움을 느끼는 다양한 활동 또한 쾌락에 해당한다. 일상적인 활동 속

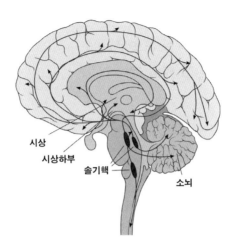

행복을 느끼게 하는 세로토닌 시스템

에서 사람들과 우정·사랑·연대감과 같은 감정을 교류하는 것 또한 쾌락에 해당하며, 도파민의 활성도를 높인다. 그런 의미에서 기부 또한 쾌감을 활성화하는 방법 중 하나다. 기부를 하는 사람들은 자신이 행복해서 하는 일이라고 말하는데, 이는 과학적으로 입증된 사실이다.

한편 안녕 또는 행복이라는 감정은 주로 뇌의 세로토닌 시스템에 의해 조절된다. 행복은 원초적인 쾌락과 달리 중독성이 없고, 장기적으로 작용하며, 쌓아놓는 것이 아닌 베

푸는 마음을 일으키고, 혼자보다는 함께 경험된다. 또한 보다 많이 원하기보다는 충분하다는 만족감을 불러일으킨다. 세로토닌 시스템은 뇌의 솔기핵raphe nuclei에서 시작해 전체적인 뇌 영역에 걸쳐 분포해 있다. 세로토닌 시스템에 정신질환 또는 외부 환경적인 문제가 생기면 주관적인 안녕이나 행복을 느끼지 못하는 상태, 즉 우울증이 생기게 된다. 세로토닌의 재흡수를 차단해 세로토닌의 기능을 활성화한다는 프로작의 원리가 바로 이것이다.

● ○ 함께읽기

버닝썬 사건은 미성숙한 한국사회의 상징적 단면이다[44]

용두사미龍頭蛇尾는 이럴 때 사용하는 말이다. 세상을 떠들썩하게 하며 시작했던 버닝썬 사건 경찰 조사는 결국 별 소득 없이 마무리되었다. 그동안 수많은 의혹이 제기된 것에 비하면 경찰의 조사 결과는 초라하기 그지없다. 안 그래도 검경수사권 조정으로 시끄러운데 부실한 경찰 조사에 대한 후폭풍이 거세어, 경찰 입장에선 참으로 곤혹스러운 일이 아닐 수 없다.

이 사건의 주연 격인 빅뱅의 전 멤버 승리는 구속영장 기각 이후

체육관에서 운동을 하며 유유히 '승리'의 미소를 짓고 있는 모습으로 많은 사람들에게 공분을 사고 있다. 경찰과의 불법유착, 불법촬영, 동영상 유포, 성접대 파티, 성매매 알선, 폭력, 모 엔터테인먼트와의 관계와 탈세의혹 등의 소문에 대해서 명백하게 밝히지 못한 듯하다. 클럽에서 경찰에 성폭행 신고를 해도 현장확인도 하지 않고 돌아가거나, 폭력으로 신고한 사람이 오히려 가해자로 둔갑한 사실을 보면 일반인들의 상식으로는 권력과의 유착이 아니고서는 이해하기 어렵다.

마약거래상들은 경찰에 검거되었을 때 가난한 사람들의 마약중독자 리스트만 알려주고, 형을 감량받는다고 한다. 부자들이나 권력을 가진 사람들의 명단은 보호하는 대신 마약거래상들이 감옥에 갔을 때 그들이 뒤를 봐준다고 하니, 유전무죄 무전유죄有錢無罪 無錢有罪, 유권무죄 무권유죄有權無罪 無權有罪가 아닐 수 없다.

버닝썬 사건은 성, 권력, 마약의 3종 세트가 패키지인 현대 사회의 끈적한 쾌락의 정수를 보여주고 있다. 지크문트 프로이트는 일찍이 인간의 가장 근원적인 에너지는 리비도라고 하여 성적 흥미나 욕망의 중요성을 강조했다. 인간의 모든 행동은 리비도적인 충동을 통해 쾌락을 추구한다고 주장했다.

오스트리아의 정신의학자 알프레트 아들러는 권력에 대한 의지가 인간의 근원적 욕망이라고 했다. 버닝썬의 권력과의 유착은 인간의 성적 욕망 충족을 한층 더 강화시킨 측면이 있을 것이다. 현대 사회에서 쾌락을 더 쉽게 느끼는 방법으로는 마약이 있다. 과거 연예인이나 특정 계층에서 은밀하게 즐기던 마약이 지금은 버젓이 인터넷을 통해 거래가 되어 가정주부, 대학생 등의 일반인도 쉽게 접근할 수 있다.

우리나라의 마약사범 수는 인구 10만 명당 25.2명이라고 하니, 마약청정국은 옛말이다. 마약의 가장 큰 문제점은 중독성이 있다는 것이고, 한번 중독되면 쉽게 중단하기 어렵다는 데 그 심각성이 있다.

마약은 중추신경흥분제로 코카인·필로폰·덱스트로암페타민, 중추신경억제제로 모르핀·헤로인, 환각제로 LSD·엑스터시·펜사이클리딘 등이 있다. 최근 캐나다와 미국의 캘리포니아를 비롯한 몇몇 주에서 의약적인 사용 외에도 오락용으로 합법화되어 논란이 있는 대마도 마약류에 속한다.

몇몇 마약류는 강력한 진통 효과를 나타내 '마약성 진통제'로 사용되기도 한다. 이들 역시 중독이나 오남용의 위험이 있고, 중추신경을 흥분 또는 억제하고, 정신착란, 환각 등을 보여 전 세계적으로 아주 엄격하게 관리하고 있다. 하지만 마약은 쾌락과 즐거움을 강력하게 느끼게 해주기 때문에 쉽게 조절할 수가 없다.

우리 뇌에는 쾌락과 관련된 부위가 존재한다. 이 부위를 찾기 위해 미국 심리학자 제임스 올즈와 캐나다 신경학자 피터 밀너는 생쥐 뇌의 여러 부위를 전기로 자극하는 연구를 하였다. 쥐가 버튼을 누를 때마다 뇌의 특정 부위에 전기 자극을 주었다. 그런데 어떤 부위를 자극하자 음식이나 물을 전혀 마시지 않고 지쳐 쓰러질 때까지 계속해서 버튼을 누르는 것을 발견하였다. 이 부위에 대한 자극이 쾌락을 불러일으킨다는 것을 알게 되었고, 이를 '쾌락 중추'라고 불렀다.

사람에게도 쾌락중추가 있는데, 주로 변연계라는 신경회로에 존재한다. 이 회로는 도파민을 분비하는 신경계이기에 신경전달물질 중 도파민을 '쾌락 물질'이라고도 한다. 변연계는 보상시스템과 밀접한 관련이 있어, 이 부위를 자극하면 보상이 오기 때문에 점점 더 그 자극을 원하게 된다.

마약은 변연계에서 도파민을 분비하여 쾌락을 일으키는 것과 관련된다. 쥐가 죽을 때까지 버튼을 누를 정도로 쾌감이 강력한 보상이기에 마약에 중독되면 그 자극에서 벗어나기 힘들다. 마약과 섹스, 그리고 권력유착을 통해 운영되었던 것으로 보이는 버닝썬 클럽에 한번 빠지면 쉽게 벗어나기 어려웠을 것임을 쉽게 짐작할 수 있다.

다시 프로이트의 이론을 빌리자면, 우리의 마음은 이드, 에고, 슈퍼에고로 구성되어 있다. 자신의 쾌락이나 즐거움을 위해 하는 행동, 즉 본능인 이드와 그 행동이 사회적 가치기준에 맞는지를 판단하는 초자아인 슈퍼에고, 그리고 이를 적절히 조율해 현실적인 행동을 하도록 자아가 작동한다.

이를 뇌과학적으로 설명하면, 본능은 뇌 깊숙이 존재하는 변연계를 중심으로 구성되는 신경 네트워크, 초자아는 뇌의 바깥 부위인 피질, 그리고 자아는 외부 세계인 환경과 적절한 행동을 하게 하는 안와전두엽과 관련이 있을 것이다. 뇌 피질 부위는 주로 뇌의 아래쪽에서 올라오는 자극을 억제하는 기능을 한다.

하등동물일수록 본능에 따라 행동하지만, 고등동물이 될수록 전두엽이 점점 커져 뇌 하부에서 오는 자극을 적절히 억제하는 힘이 커지게 된다. 즉, 인간이 인간답다는 것은 자신의 욕망에 따라 행동하는 것보다는 이를 통제하고 억제하여 주위 환경에 맞는 적절한 행동을 함으로써 사회공동체가 잘 유지되게 하기 때문일 것이다.

버닝썬 사건은 욕망이 지배하는 미성숙한 우리 사회의 한 단면을 보여주는 상징적인 사건이다. 좀 더 성숙한 사회로 가기 위해

욕망을 적절히 억제하게 하는 사회 전체적인 규범과 질서가 필

요한 이유이기도 하다.

행복한 뇌를 만드는
가장 확실한 방법

행복을 위한 너무도 당연한 방법들

행복에 대한 많은 담론이 있지만, 신경과학적으로 행복을 이해한다면 다음의 기본 사항들을 지키는 것이 무엇보다 중요하다.

첫째, 균형 잡히고 건강한 식단이다. 당이나 지방이 지나치게 많이 함유된 음식이 건강에 좋지 않다는 것은 누구나 아는 사실이다. 이와 달리 트립토판tryptophane은 행복에 필수적인 물질로, 필수 아미노산 중의 하나로 세로토닌의 합성을 돕는 중요한 역할을 한다. 하지만 직접 섭취하지 않으면 체내 합성이 불가하므로 바나나, 견과류, 계란, 연어, 양고기 등의 음식을 섭취해주는 것이 중요하다.

둘째, 적절하고 충분한 수면이다. 수면은 낮 동안의 생활에서 벗어난 휴식을 제공하는 것이므로 하루 최소 7시간 이상의 수면을 취하는 것이 좋다. 수면이 부족하면 다음 날 인지 및 행동의 수행이 더뎌질 수 있다. 이와 더불어 세로토닌이 수면과 일주기에 대한 조절 효과를 갖는 만큼, 적절한 수면과 규칙적인 생활을 유지하는 것이 적정 수준의 세로토닌을 유지하는 데에도 도움이 된다.

셋째, 일광욕이다. 많은 현대인은 실내 생활에 익숙해 인공 빛만 쬐며 살아가는 경우가 많다. 적정량의 태양광을 쬐는 것은 일주기에 대한 조절 효과뿐만 아니라 세로토닌의 합성도 돕는 만큼 적당한 일광욕은 필수적이다.

넷째, 운동이다. 꾸준한 운동은 뇌를 비롯한 신체의 노화를 막고 기억 기능의 중추인 해마의 나이를 더 젊게 유지하도록 도와 치매를 예방한다. 앞서 알츠하이머병에 걸린 경우 해마의 크기가 작아진다고 이야기했는데, 운동을 통해 이를 예방할 수 있다는 의미다. 또한 운동은 우울증에도 효과적이기에 경중등도의 우울증에는 운동이 치료 요법으로 사용되기도 한다. 앞서 이야기했듯이, 3개월간 유산소 운동을 한 조현병 환자 그룹은 그렇지 않은 그룹에 비해 해마의 크기가 유의미하게 커졌다는 연구 결과도 있다.

6개월 동안 자전거 운동을 한 조현병 환자와 운동을 하지 않은 조현병 환자의 뇌 백질 연결성을 비교한 실험도 있다. 연구 결과 뇌를 이루는 큰 백질 영역들의 연결성이 자전거 운동을 한 그룹은 크게 증가했고, 운동을 하지 않은 그룹은 감소했다. 운동이 뇌 백질 연결성을 증가시켜 뇌의 정보 전달 속도를 빠르게 한다는 것을 간접적으로 보여주는 결과다.[45]

뇌도 휴식이 필요하다

'마음챙김mindfulness'이라고도 하는 명상은 자신을 돌봄으로써 뇌가 건강한 상태를 유지할 수 있도록 돕는 또 다른 방법이다. 판단하지 않고 있는 그대로의 자신을 관찰하며 자신의 신체, 감정 등을 돌아보는 것이다. 이런 활동은 스트레스를 잘 극복할 수 있는 회복탄력성을 키우고, 일상생활에서의 집중력을 높이며, 뇌의 노화를 막는 것으로 알려져 있다.

그뿐만이 아니라 명상은 뇌의 구조 및 기능도 변화시킨다. 명상을 한 그룹은 그렇지 않은 그룹에 비해 해마의 피질 밀도가 크게 증가했다는 연구 결과도 있다.[46] 운동이 해마의 크기를 증가시킨 것처럼 명상 또한 인지 기능과 스트레스 조절에 중요한 역할을 하는 해마를 활성화한 것이다. 또 다른 연구에 따르면 8주 동안 명상을 한 사람들은 전체적으로 쐐기앞소엽precuneus과 상두정소엽superior parietal lobule, 하측두회inferior temporal gyrus의 피질 두께가 증가했다. 특히 하측두회는 불안의 정도와 상관관계가 있는 부위로, 이곳이 두꺼워진 사람들은 불안이 더 많이 감소한 것으로 나타났다.[47]

마음챙김과 관련해 템플스테이Templestay는 우리나라에 있는 독특한 프로그램이다. 절에서 명상과 신체 활동을 통해 복합적인 심신 수련을 하는 것으로, 오래전부터 현대인에게 스트레스 해소와 심신 수련에 효과적인 것으로 알려졌다. 전국의 각 사찰에서 하는 템플스테이 프로그램에 일반인들도 쉽게 참가할 수 있고. 외국에까지 많이 알려져 있다. 템플스테이에 대한 과학적인 연구는 전무한 상태였는데, 우리 연구팀이 실제 템플스테이가 심신 수련에 효과가 있는지 또한 뇌의 구조나 기능에 변화를 가져오는지에 대한 연구를 진행한 적이 있다.

2014~2015년 2년간 지리산 대원사의 3박 4일 템플스테이에 참여한 직장인 50명을 총 12그룹으로 나누고, 33명은 사찰에서 마련한 프로그램(체험형)에 참여하고 17명은 자유롭게(휴식형) 생활하도록 했다. 체험형 템플스테이는 일반적으로 일컫는 템플스테이를 말하며, 휴식형 템플스테이는 특별한 프로그램이 없이 절에서 자유롭게 쉬는 프로그램을 뜻한다. 우리는 체험형 템플스테이의 효과를 휴식형 템플스테이와 비교하는 연구를 한 것으로, 체험형은 중재군이 되고 휴식형은 대조군이 되는 것이다.

그 결과 놀랍게도 템플스테이 참가자들은 대조군과 비교해 회복탄력성이 상승했고, 이 효과는 3개월 후에도 여전히 높게 지속됐다. 단지 3박 4일의 템플스테이에 참가했을 뿐인데 3개월 후에도 회복탄력성이 증가한 상태로 유지된다는 것은 놀라운 일이다. 아마도 며칠간의 템플스테이 참가 효과만은 아닐 것이다. 그 프로그램에 참가한 것이 계기가 되어 그 후 일상생활에서도 규칙적이고 관조적인 생활, 마음챙김과 같은 명상, 적절한 음식 섭취, 규칙적인 운동, 스트레스 관리 등을 지속했을 것이고, 이런 생활이 3개월간 유지됨으로써 여전히 회복탄력성이 유지됐을 가능성

시간	1일 차	2일 차	3일 차	4일 차
04:00~04:50		새벽 죽비예불	새벽 죽비예불	새벽 죽비예불
		나를 깨우는 108배	나를 깨우는 108배	나를 깨우는 108배
04:50~05:10		좌선	좌선	좌선
05:10~06:00		운력 발우공양 준비	운력 발우공양 준비	걷기명상 수련관~일주문
06:00~07:00		발우공양	발우공양	아침공양
07:00~08:00		운력 발우공양 정리 수련관 정리	운력 발우공양 정리 수련관 정리	좌선
08:00~08:30		걷기명상 수련관~일주문	걷기명상 수련관~일주문	
08:30~09:00				
09:00~09:30		좌선 명상 설명(20분) 좌선(1시간) 소감 나눔(20분)	몸으로 깨어 있기 바디스캔 설명 신체 각 부위 점검	
09:30~10:00				
10:00~10:40				
10:40~12:00		점심공양	점심공양	점심공양
12:00~13:00		자유수행	자유수행	회향(귀가)
13:00~14:00		스님과의 대화(차담)	스님과의 대화(차담)	
14:00~16:00		호흡으로 깨어 있기 좌선(앉아서) 입선(서서) 행선(걸으면서) 와선(누워서)	오감으로 깨어 있기 좌선(앉아서) 입선(서서) 행선(걸으면서) 와선(누워서 30분)	
16:00~17:00	도착, 숙소 이동 습의 주지스님 인사 프로그램 안내 오리엔테이션 기본 생활 안내 – 휴대폰/지갑 수거 – 공양시간(묵언) – 비상상황대처법	자유수행		
17:00~18:00	저녁공양	저녁공양	저녁공양	
18:00~19:00	사찰 소개	포행 유평마을, 가랑잎 초교	포행 유평마을, 가랑잎 초교	
19:00~19:40	저녁예불	저녁예불	저녁예불	
19:40~20:30	스님과의 대화 이름표 만들기 자기소개 참가 동기 명상일지 작성법 소개	호흡으로 깨어 있기 좌선(앉아서) 입선(서서) 행선(걸으면서)	호흡으로 깨어 있기 좌선(앉아서) 입선(서서) 행선(걸으면서)	
20:30~20:50		스님과의 대화 명상일지 작성 하루 마무리	스님과의 대화 명상일지 작성 하루 마무리	

체험형 템플스테이 프로그램

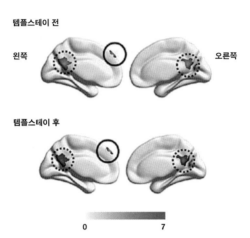

템플스테이 전

왼쪽

오른쪽

템플스테이 후

0   7

템플스테이 후 강화된 디폴트 모드 네트워크

이 크다.

이런 변화는 뇌의 기능 및 구조 변화도 동반했다. 템플스테이 참가자들은 전두엽과 두정엽 사이 그리고 뇌 백질의 연결성이 더욱 향상됐다.[48] 이는 인간의 뇌 신경세포가쇠퇴와 생성을 거듭한다는 뇌 가소성을 지지해주는 결과이기도 하다. 한편 템플스테이를 통해 호전된 회복탄력성이나 마음챙김의 변화와 뇌의 연결성에 상관관계가 있다는 것은 이 결과가 우연히 나타난 것이 아니라 뇌의 변화를확실히 동반하는 변화임을 의미한다.

또한 템플스테이 참가자들은 대조군에 비해 디폴트 모드 네트워크default mode network,DMV의 기능적 연결성이 더욱 강화됐다. 디폴트 모드 네트워크란 휴식을 취할 때만 활성화되는 뇌 영역의 연합을 말하는 것으로, 일하지 않을 때는 의식의 초점이 외부가 아닌 자기 자신에게 향하기에 가장 초기 상태라는 의미에서 디폴트 모드라고 부른다. 디폴트 모드 네트워크를 강화한다는 것은 템플스테이가 단순한 휴식이 아니고 뇌에 더욱 깊은 쉼을 선사한다는 추정을 가능케 한다.[49]

● ○ 함께읽기

멍때리기 대회… 뇌도 휴식이 필요하다[50]

지난 일요일 서울 여의도 한강공원에서 한강멍때리기 대회가 열렸다. 2014년 처음 시작한 이 대회에서 9세 초등학교 학생이 우승해 크게 관심을 끌었다. 멍때리기란 아무 생각 없이 멍하게 있는 것을 말한다.

멍때리기를 가장 잘하는 사람이 우승하는데, 그 기준은 심박동 수를 측정해 안정적으로 유지하는 사람이다. 멍때리기를 잘하면 심박동수가 안정되기 때문이다. 불안하거나 감정의 기복이 심하면 교감신경이 활성화되어 심장이 빨리 뛰거나 호흡이 가빠지지만, 안정이 되면 부교감신경이 활성화되어 몸과 마음이 편안해진다.

우리는 하루가 멀다고 일어나는 충격적인 사건·사고의 홍수 속에 살고 있다. 이런 외부의 자극을 처리하고자 뇌는 끊임없이 활동한다. 휴식 없이 돌아가는 기계가 오래가지 못하고 망가지듯이, 쉬지 못하는 뇌는 결국 탈진해버릴 것이다.

인위적인 자극이 많지 않은 조용한 산사에서 지내다 보면 몸과 마음이 편안해진다. 외부의 자극이 적기 때문에 뇌가 자극을 처리하는 시간이 줄어 휴식을 취할 수 있기 때문이다. 우리 뇌에는 휴식이 필요하다. 외부 자극을 처리하는 과정이 없이 오롯이 자신만을 위해 활동하는 시간이 필요하다.

1992년 위스콘신대학교 학생이었던 비스왈은 기능적 자기공명영상fMRI 연구를 하던 중 쉬는 동안에도 뇌는 정보를 활발히 교환하고 활동적이라는 사실을 발견했다. 뇌는 외부의 자극에 의해 어떤 작업을 수행할 때 활성화된다고 알려져 있었는데, 쉬는 동안에도 무언가 활동을 하고 있다는 것을 알게 되었다.

이후 워싱턴대학교 신경과학자 라이클 교수 팀은 쉬는 동안에도 뇌의 특정 신경망이 서로 정보를 교환하면서 활발히 활동한 다는 사실을 발견했는데, 이것이 유명한 '디폴트 모드 네트워 크'다. 마치 컴퓨터가 아무런 작업을 하지 않더라도 전원을 완전 히 차단하여 꺼지지 않는 한 내부에서 기본적인 작동을 하고 있 는 것과 비슷하다.

뇌도 겉으로는 작동하지 않는 것처럼 보이지만, 사실 서로 관련 되는 신경세포들끼리 정보를 교환하면서 활발히 활동하고 있는 것이다. 내측 전전두엽, 후대상피질, 해마, 모 이랑 등의 부위가 여기에 해당한다. 이 부위들은 외부의 자극이 오면 오히려 활동 이 줄어든다.

휴지기에 뇌의 디폴트 모드 네트워크가 활발히 활동하는 것이 어떤 의미가 있는지 정확히 알려져 있지 않다. 외부의 자극이 없 는 상태에서 아무런 작업을 하지 않을 때 활성화되는 신경망이 기에 주로 백일몽, 자기 자신이나 다른 사람과 관련된 기억 회상, 미래에 대한 계획, 정서와 관련된 정보를 처리하는 것과 관련이 있다고 한다.

업무를 볼 때나 일을 할 때는 순간적인 정보를 처리하는 뇌 부위 가 활성화되지만, 아무것도 하지 않고 쉴 때는 자신과 관련된 과 거를 정리하고 미래를 기획하는 뇌 부위가 활성화되기 때문에 창의력이 증가한다는 주장도 있다. 휴식 없이 항상 자극에 노출되어 그 자극을 처리하는 데 시간을 보내게 되면 뇌는 정작 중요한 정서적인 정보, 자기 자신에 대한 기억들의 정리, 미래에 대한 생각 등을 하지 못한다.

우울증, 치매, 자폐증, 강박증, 파킨슨병 등의 질환은 휴지기 뇌 기능에 이상이 있다고 알려져 있다. 뇌가 쉬고 있는 상태에서 정상적인 활동을 하지 못하면, 외부의 자극이 있을 때도 정보를 적절히 처리할 수 없다. 이런 비정상적인 뇌 기능 탓에 병적인 증상들이 나타나게 된다.

현대인은 잠깐 쉬는 동안에도 스마트폰을 하거나 무언가를 한다. 하지만 아무런 일도 하지 않고, 아무런 계획도 없이 그냥 빈둥빈둥하거나 멍하게 있는 시간이 필요하다. 이런 시간 동안에 뇌는 스스로 자신의 과거를 정리하고 미래를 기획하며, 사람들과의 관계와 자아를 강화할 힘을 키운다. 멍때리기가 필요한 이유다. 무언가를 이루기 위해 열심히 과제를 수행하는 것도 중요하지만, 현대를 살고 있는 우리에게 정작 필요한 것은 뇌가 스스로 휴식을 취하며 정리할 수 있는 시간을 주는 것이다.

행복이란 곧 뇌의 건강

신경과학적인 의미에서의 행복이란 결국 뇌의 건강이라고 할 수 있다. 정신질환으로 이어지지 않았다고 해도 많은 사람은 일상생활에서 많은 스트레스로 우울과 불안을 경험한다. 그 때문에 정신적 고통을 잘 극복하기 위해서는 도파민이나 세로토닌을 분비하도록 돕는 다양한 방법을 평상시에도 꾸준히 실천하는 것이 중요하다. 즉 행복을 느끼기 위해서는 뇌를 활성화해야 한다. 어려우면서도 단순하고, 단순하면서도 어려운 이야기다.

하지만 행복이란 뇌가 편안한 상태가 되는 것만이 아니다. 오히려 힘든 상황을 견디고 난 다음에 오는 평온함이 인간을 더욱 행복하게 하는 경우가 많다. 2018년 평창 동계올림픽 때, 크로스컨트리 10킬로미터 경기를 마지막 힘을 다해 꼴찌로 결승점을 통과한 여자 선수들이 쓰러져 고통스러우면서도 행복해하는 모습을 본 일이 있다. 심한 스트레스를 받으면 우리 신체에는 코르티솔cortisol이라는 호르몬이 분비된다. 힘든 경기에서 느끼는 신체 고통과 극도의 피로로 인해 분비된 코르티솔은 뇌의 선조체에서 도파민과 작용해 행복감을 만들어낸다고 한다. 그러나 도파민이나 코르티솔이 단독으로는 행복감을 제공하지 못한다. 도파민이 기분을 일시적으로 좋게 할 수는 있지만, 지속적으로 만족감을 유지하려면 코르티솔이 필요하다. 즉, 행복감이나 만족감을 느끼려면 코르티솔이 필요하다. 코르티솔은 불쾌감이나 심한 스트레스 상황을 겪어야 분비되니, 불쾌감과 불안이 만족감을 느끼기 위한 필수 요소라는 점이 아이러니하다.

프로이트가 말한 인간의 방어기제 또한 행복을 위해 적용해볼 가치가 있다. 프로이트는 이드의 욕구가 강해짐에 따라 생기는 불안으로부터 자신을 보호하려는 의식이나 행동을 방어기제로 정의하고, 이를 위계에 따라 나눴다. 그중 성숙한 방어기제에는 이타주의altruism, 예상과 기대anticipation, 유머humor, 승화sublimation, 억제suppression, 친교affiliation가 포함된다. 이는 어려운 상황에서도 과도하게 스트레스를 받거나 좌절하지 않고 헤쳐나가는 힘이 무엇인지 이야기해준다.

성숙한 방어기제들은 뇌의 기능이나 구조가 전혀 밝혀지지 않았던 시대에 주창됐음에도 오늘날 뇌과학을 통해 밝혀지고 있는 행복의 비법들, 즉 도파민 및 세로토닌의 분비를 활성화하고, 회복탄력성을 증가시키는 방법과 다르지 않다. 프로이트의 방대한 이론은 비록 현대 정신의학의 임상에서는 적용 정도가 낮다고 하더라도 인간 정신과 정신 병리에 대한 이해에 지대한 공헌을 했다는 점에서는 틀림이 없다.

뇌에 대한 이해가 부족했던 과거와 달리, 오늘날 정신질환이 뇌의 문제라는 데 이의를 제기할 사람은 없다. 이에 따라 정신질환을 개선하는 치료법들 또한 정신치료, 인지행동치료, 약물치료 등과 같이 모두 뇌 기능을 정상화하는 데 초점을 두고 있다. 사람마다 생김새가 다르듯이 정신질환을 일으키는 뇌 기능도 사람마다 조금씩 다르기 마련이며, 그런 만큼 개별적인 뇌 기능 이상을 측정하고 이에 따라 개인 맞춤형 치료를 더욱 활성화해나가야 할 것이다.

하지만 더 중요한 것은 예방이다. 뇌를 건강하게 관리하기 위해서는 균형 잡힌 식사, 충분한 수면, 규칙적인 운동이 필수적이다. 마음챙김 명상, 템플스테이와 같이 자신을 되돌아보는 활동을 통해 자신을 객관적으로 바라보고 이해하려는 노력이 필요하다. 이런 노력들이 모였을 때 쾌락을 느끼게 하는 도파민 시스템이나 행복을 담당하는 세로토닌 시스템이 잘 작동할 수 있다. 뇌를 깨워야 어떤 위기든 딛고 일어설 수 있는 회복탄력성 또한 증가하며, 궁극적으로 행복하게 살 수 있다.

● ○ 함께읽기

고통 끝에 오는 만족감이 더 값지다[51]

평창올림픽이 끝났다. 메달을 딴 선수든 그렇지 못한 선수든 올림픽에서 최선을 다한 모든 선수에게 박수를 보낸다. 금메달을 딴 선수는 물론 은메달이나 동메달을 딴 선수에게도 큰 박수를 보낸다.

연구에 따르면 은메달을 딴 선수보다 동메달을 딴 선수가 더 큰 행복감을 느낀다고 한다. 은메달을 딴 선수는 금메달을 딸 수도 있었다는 사실을 아쉬워하지만, 동메달을 딴 선수는 메달을 따지 못할 수도 있었지만 동메달을 땄기에 만족하기 때문이다.

심리학에서 이를 '반사실적 사고counterfactual thinking'라고 한다. 실제 일어난 현실과 발생할 수 있는 상황을 비교해 만족감이나 행복감을 느끼는 것이다.

메달을 딴 선수는 그렇다 치고 메달을 따지 못한 선수, 심지어 꼴찌를 한 선수조차 경기를 끝내고 굉장히 좋아하는 모습을 보면 그 이유가 궁금해진다. 우리는 금메달에 대한 기대가 아주 크다. 좀 나아졌지만 언론은 금메달을 딴 선수를 집중적으로 조명하고, 은메달이나 동메달을 딴 선수에게는 관심을 훨씬 덜 준다. 1등이 아니면 별 의미가 없다는 뜻일까?

우리 모두 1등과 최고에만 집착한다. 학교에서 줄곧 1등만 한 학생이 2등으로 떨어졌다고 좌절해 자살을 시도했다는 뉴스를 접할 때마다 1등에 대한 집착과 스트레스가 얼마나 큰지 생각하게 된다.

'설원의 마라톤'이라는 크로스컨트리 10킬로미터 경기를 온 힘을 다해 달리고 거의 꼴찌로 결승점을 통과한 여자 선수들이 한동안 쓰러져 고통스러워하면서도 너무 행복해했다. 메달과 거리가 먼데도 왜 이렇게 좋아할까? 금메달이 최상의 목표였다면, 그럴 이유가 없다. 이 선수들이 행복해하는 이유는 끝까지 최선을 다했다는 데서 오는 자기 만족감, 대견함, 자존감을 느끼기 때문이 아닐까.

우리 몸은 스트레스를 받으면 코르티솔이라는 호르몬을 분비한다. 코르티솔은 스트레스가 큰 응급 상황에 빨리 대처하도록 집중력을 높여주는 호르몬이다. 새로운 자극이나 변화가 생기면 우리 뇌는 보상, 의욕, 행복 등과 관련 있는 도파민이라는 신경전달물질도 함께 분비한다. 그 새로운 자극과 변화에는 물론 스트레스도 포함된다.

크로스컨트리라는 힘든 경기에서 느끼는 신체적 고통과 극심한 피로라는 가혹한 시련으로 인해 분비된 코르티솔은 뇌의 선조체에서 도파민과 상호 작용해 만족감과 행복감을 만들어낸다. 그런데 흥미로운 사실은 이 물질들이 단독으로는 만족감을 제공하지 못한다는 것이다. 도파민이 일시적으로 기분을 좋게 할 수는 있지만, 지속적으로 만족하려면 코르티솔이 필요하다. 즉, 지속적으로 만족감을 느끼려면 스트레스를 많이 받는 상황에서 분비되는 코르티솔이 필요하다. 그러려면 필연적으로 불쾌감과 심한 스트레스를 겪어야 한다. 스트레스로 인한 불쾌감과 불안이 만족을 얻기 위한 필수 요소라는 점은 아이러니하다.

올림픽 도전뿐만 아니라 모든 도전은 불쾌감과 불안을 일으킨다. 하지만 신체를 극한까지 몰아붙이는 의지, 극도의 피로와 고통이라는 가혹한 시련이 결과적으로 만족감을 느끼게 하는 요소다. 역경과 고통을 겪으면 코르티솔과 도파민이 분비되고 상호 작용하면서 만족감이 더 커지기 때문이다. 그러므로 쉽게 얻은 성과보다 어려움을 극복하고 이룬 성취감이 더 큰 만족감을 제공한다.

메달을 따는 것도 중요하지만, 최선을 다했다는 만족감이 더 중요하지 않을까? 남과 비교해 생기는 우월감과 만족감은 오래가지 못한다. 하지만 내적 동기에서 시작된 자신의 행동 결과에 만족하는 것이야말로 진정한 만족이다. 만족감은 인간이 자신의 행동에 의미를 부여하는 유일한 감정이다. 만족해야 의미를 발견할 수 있다.

이제 우리는 남과 비교해 느끼는 상대적 성취감보다 자신만의 가치관, 인생관, 세계관으로 인생을 살아가는 성숙함을 보일 때가 됐다. 어려운 과제를 수행한 뒤 느끼는 성취감, 행복, 만족 등이 우리가 진정 추구해야 할 내적 가치다.

4부_____

과학의 최전선에서 읽는 마음의 미래

마음을 분석했던 프로이트의 시대로부터 100여 년이 흐른 지금, 우리는 뇌를 이해하는 것에서 더 나아가 조종하고 싶어 한다. AI가 일상의 곳곳을 넘어 뇌 속에도 자리할 세상. 과연 인간과 AI가 함께할 미래는 어떤 풍경일까?

인간 고유의 능력을
위협하는 인공지능

인간의 정신 기능을 구사하다

미국의 미래학자 레이 커즈와일Ray Kurzweil이 저서 『특이점이 온다The Singularity Is Near』에서 예측한 바대로라면, 2045년에 컴퓨터가 인간의 지능을 능가할 것이다. 과거에만 하더라도 인간의 정신과 사고 능력은 쉽게 정의되거나 이해할 수 없는 현상으로 취급됐다. 앞서 살펴봤던 데카르트의 이원론 또한 이런 전제하에 있었다. 신체는 정해진 규칙에 따라 기능하고 비교적 이해가 쉬운 반면, 인간의 정신과 감정은 이론적으로 이해하기가 어려운 성질의 것이었다. 그런 만큼 사고 능력은 인간의 고유한 고등 기능으로 여겨졌다.

하지만 2016년 3월, 인간의 고유한 기능 중 최고의 고등 인지 기능인 직관력을 사용한다고 하는 바둑 경기에서 인간이 컴퓨터에 패하고 말았다. 바둑은 복합 인지 능력과 고도의 훈련이 필요한 영역으로, 인간 고유의 사고 능력을 가장 잘 대변하는 분야다. 하지만 딥마인드가 개발한 바둑 딥러닝 알고리즘 알파고가 이세돌 9단을 4승 1패라는 전적으로 누르고 승리를 거머쥐었다. 다음 해에는 당시 바둑 세계 랭킹 1위였던 커제柯潔를 눌렀을 뿐 아니라 중국 대표 5인과의 단체전에서도 승리를 거뒀다. 알파고는 고등 판단 능력이 인간 고유의 능력이라는 전 세계인의 상식을 깨부쉈고, 인간의 능력을 능가하고 더 나아가 인간 자체를 대체할 AI가 등장하리라는 상상이 현실이 되고 있음을 자각하게 했다.

커즈와일이 말한 가까운 미래 2045년에는 정말 인간의 정신 기능을 완벽히 구사하는 AI가 개발되어 통용될까? 현대 뇌과학의 발달에 따라 인간의 정신 기능은 크게 세 가지 구조적 및 기능적 영역으로 구분할 수 있다. 논리 및 이성을 담당하는 신피질 영역, 감정을 담당하는 변연계 영역 그리고 생존 본능을 담당하는 뇌간 영역이다.

이 중 신피질 영역의 기능인 논리, 사고 능력, 지식 등에서는 알파고를 통해 이미 AI가 인간을 능가할 수 있음이 증명됐다. 그뿐만이 아니라 바둑은 논리와 이성 외에 시간이 흐를수록 무의식 수준에서의 인사이트insight, 즉 직관력이 필요한 분야이기도 하다는 점에서 논리를 넘어 감정의 영역에서도 AI가 놀랄 만큼 발달했음을 알 수 있다. 논리적인 훈련을 계속하다 보면 어느 순간 생각하지 않아도 직관적으로 알게 되듯이, AI가 바둑 영역에서는 이 수준에까지 이르렀다는 방증이기 때문이다. 더 나아가 미래에는 AI가 인간의 감정을 진단하고, 적절한 방향의 도움을 주는 것 또한 가능할지 모른다.

AI에서 바둑의 의미

현재 AI는 어떤 수준의 뇌를 가졌을까? 상대성이론을 탄생시킨 미국의 물리학자 알베르트 아인슈타인Albert Einstein, 제2차 세계대전 당시 독일군의 암호 체계인 에니그마enigma를 해독해 전쟁의 판도를 바꾼 컴퓨터의 아버지 영국의 앨런 튜링Alan Turing, 게임 이론을 정립했으며 영화 〈뷰티풀 마인드〉의 실제 주인공으로도 유명한 미국의 수학자 존 내시John Nash 등은 모두 세기의 천재라고 불리는 이들이다. 이들에게는 한 가지 공통점이 있는데, 바로 바둑광이었다는 점이다.

본래 바둑은 동양의 게임으로, 서양에는 존재하지 않는다. 비교적 유사한 모습의 체스 또한 동양의 장기와 더 유사한 게임이다. 그런 만큼 서양 사람들에게 바둑은 오래전부터 호기심의 대상이었을 것이다. 특히 물리학자, 컴퓨터 과학자, 수학자들은 체스보다 훨씬 더 고차원적인 지능게임인 바둑에 오랫동안 관심을 가졌다. 알파고가 다른 어떤 분야도 아닌 바둑 딥러닝 알고리즘인 것도 동일한 이유로 볼 수 있다.

앞서 이야기했듯이, 인간의 학습 모델과 신경망 구조를 본뜬 알파고는 현존하는 모든 기보를 학습한 후 2016년 이세돌 9단을 상대로 승리했다. 그러나 사실 이보다 앞서 인간을 꺾은 최초의 AI는 따로 있었다. IBM이 개발한 체스 프로그램 딥블루Deep Blue다. 상대였던 가리 카스파로프Garry Kasparov는 22세의 나이로 세계 최연소 체스 챔피언에 오른 후 줄곧 세계 챔피언의 자리를 내주지 않았지만, 1997년 AI와의 대결에서 인간의 패배를 경험한 첫 인간이 됐다.

뇌를 강화하는 마인드 스포츠

이세돌 9단 이전에 바둑계를 제패했던 이창호 국수는 바둑을 둘 때 중요한 네 가지 요소를 패턴 인식, 패턴 형성, 유추, 통합이라고 했다. 바둑이나 장기의 고수들은 패턴 인식과 형성에 능한 사람들이라는 미국 카네기멜런대학교 허버트 사이먼Herbert Simon 교수의 연구 결과와도 일치한다. 사이먼은 저서 『인공 과학의 이해The Science of the Artificial』에서 체스 챔피언의 장기 기억에 축적된 조합의 수는 대략 5만 가지라고 했다. 기억 체계가 각기 다른 5만 가지 항목 사이의 특징을 아주 빠르게 검색해서 독특한 점들을 구별해내는 것이다. 바둑은 이보다 훨씬 더하다. 10의 845제곱이 넘는 경우의 수를 패턴 인식, 패턴 형성, 유추, 통합이라는 네 가지 생각 도구들을 이용해 읽어내는 게임이다.

우리 연구팀은 한국기원과의 협력으로 프로 바둑 기사의 뇌가 일반인과 어떻게 차이가 있는지를 연구하는 프로젝트를 세계 최초로 진행했다. 평균 12년을 훈련한 바둑 전문가와 일반인의 뇌를 비교한 실험에서 바둑 전문가들의 뇌는 일반인과 달리 후두엽과 측두엽에 걸쳐 있는 방추상회fusiform gyrus의 백질 치밀도가 증가해 있는 반면, 전 운동

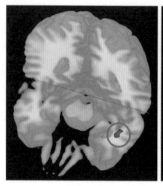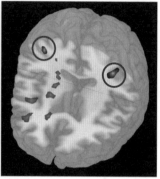

방추상회와 우뇌의 백질이 치밀한 바둑 전문가의 뇌: 갈색 표시는 연결성 증가, 먹색 표시는 연결성 감소를 나타낸다. 방추상회가 발달했다는 것은 복잡한 패턴 인식 같은 기능이 발달되어 있다는 의미다.

피질 부위의 백질 치밀도는 감소해 있었다. 방추상회는 같은 행동을 오랫동안 반복해온 전문가의 경우 공통으로 크기가 큰 부위로, 사람의 얼굴을 인식하는 데에도 중요한 역할을 하는 것으로 알려져 있다.

서로 다른 뇌 영역들을 연결해주는 신경세포 섬유인 백질은 뇌 영역 각각이 담당하는 집중력, 기억력, 수행 조절력, 문제 해결력 같은 인지 기능을 더욱 효율적으로 연결해서 사용할 수 있게 하는 역할을 한다. 다시 말해 백질이 발달한 뇌에서는 바둑 전략을 하나씩 기억하는 것이 아니라 패턴 자체를 통째로 파악한다고 할 수 있다. 특히 바둑 전문가의 백질은 좌뇌보다 우뇌 쪽에 더 발달해 있었는데, 뇌의 우반구가 공간 지각력을 담당하는 만큼 바둑에서 필요한 공감각과 관련되어 있다고 할 수 있다.

이와 더불어 뇌의 혈류량을 측정하는 기능적 자기공명영상(fMRI)을 통해 측정한 뇌 활성도 실험에서는 바둑 전문가의 편도체와 안와전두엽의 혈류량이 일반인에 비해 증가한 양상을 보였다. 편도체는 주로 감정과 정서 처리를, 안와전두엽은 직관적 판단력에 관여한다는 점에서 바둑에서 주요하게 사용되는 뇌의 작용이 무엇인지를 이해할 수 있다.[52]

그뿐만이 아니라 바둑 전문가의 경우 편도체와 전두엽의 기능적 연결성이 월등히 높게 나타났다.[53] 일반인에 비해 평정심을 잘 유지하고, 하나의 자극을 보다 직관적으로 판단하는 능력이 뛰어나다는 뜻이다. 물론 여기에도 개인차는 존재한다. 바둑을 배운다고 해서 누구나 직관적인 판단력과 평정심을 기를 수 있다고 보기는 어렵다. 다만 바둑과 같이 경우의 수가 많고 규칙이 복잡한 마인드 스포츠를 오랜 시간 반복적으로 훈련하면, 뇌의 기능이 강화되는 것은 분명한 사실이다.

전문가 기능

한 가지 일을 오랫동안 하면 숙달하게 된다. 이를 '전문가 기능'이라고 한다. 이른바 달인이 되는 것이다. '1만 시간의 법칙'이라는 것이 있다. 어느 분야든지 전문가가 되려면 오랫동안 한 가지 일을 반복해야 하는데, 전문가가 되려면 적어도 1만 시간을 투자해야 한다는 의미다. 하루 3시간씩 연습하면 10년이 걸리고, 8시간을 투자하면 3년 반이 걸린다. 다시 말하면 적어도 3~4년은 한 가지 일에 전적으로 매달려야 그 일에 전문가가 된다는 얘기다.

일상생활에서 나타나는 전문가 기능은 얼굴 인식과 관련된 것이다. 전 세계에 약 78억 명의 인구 중 같은 얼굴을 가진 사람은 1명도 없다. 일란성 쌍생아라고 해도 얼굴이 완전히 같을 수가 없다. 인간은 다른 사람의 얼굴을 구별할 수 있다. 얼굴이라는 거의 비슷한 형태에서 조그마한 차이를 구별한다는 것은 상당한 전문가적 능력이다. 인간은 어릴 때부터 거의 매일 수많은 사람의 얼굴을 보기 때문에 서로 다른 얼굴을 파악하는 능력이 아주 발달해 있다.

역사적으로 얼굴 인식과 관련하여 가장 먼저 연구가 진행된 것은 '도립 효과inversion effect'에 대한 것이다. 1969년 미

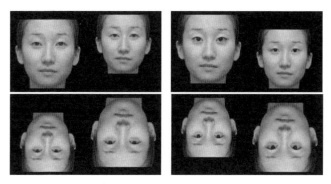

얼굴에서 눈이나 코를 바꾸는 경우(오른쪽) 정립상과 도립상에서 쉽게 구별할 수 있지만, 눈 사이의 간격, 눈과 코의 간격을 바꿀 경우(왼쪽) 정립상에서는 쉽게 구별할 수 있으나 도립상에서는 구별이 어렵다.

국의 사회과학자 로버트 인Robert Yin이 얼굴이 도립되면, 즉 물구나무서듯 180도 돌려지면 인식하는 능력이 현저히 저하된다는 연구 결과를 발표했다. 도립 효과는 이미지의 방향을 180도 바꿨을 때 사물을 인식하는 것보다 얼굴을 인식하는 것이 더 힘들다는 것을 말한다. 즉 얼굴 인식은 사물 인식보다 방향에 더 민감하다. 이런 연구를 통해서 얼굴 인식과 사물 인식의 기전은 다르다는 것을 알 수 있다.

얼굴 인식에는 구성configural 과정, 전체적holistic 과정, 관계relational 과정, 조악한coarse 과정이 관련된다. 이 중에서도 구성 과정을 통한 인식이 중요한 개념이다. 눈·코·입 등의 모양을 보고 구별하는 것이 아니라 눈과 코의 관계, 코와 입의 관계 등을 통해 얼굴을 파악하는 것이다. 도립 효과가 나타난다면 인식 과정에서 구성 과정이 관련한다는 것이다. 여기에 비해 사물에 대해서는 특징적featural, 부분적local, 분석적analytic 인식을 한다. 따라서 사물은 거꾸로 돌려놓아도 쉽게 구별할 수 있다.

바둑 전문가들이 바둑을 두는 과정에서 판세를 파악하는 것은 상당히 전문가적인 기능이다. 흑돌과 백돌을 번갈아 두면서 가능한 경우의 수를 모두 분석해 가장 좋다고 생각되는 곳에 돌을 두는 연습을 통해, 점차 돌들이 놓인 모양만 보아도 판세를 판단할 수 있다. 이것 역시 패턴 인식, 전체적인 인식 형태를 취하는 것이다. 이처럼 어떤 일에 달인이 되면 하나하나 분석하지 않더라도 전체적인 모습이나 형태 등을 보고 상황을 파악할 수 있는데, 이를 '직관'이라고 한다. 바둑은 최고의 직관력이 필요한 과정으로, 이세돌이 알파고에 패함으로써 직관은 인간만이 가지는 능력이라는 지금까지의 믿음이 깨진 것이다.

얼굴을 인식하지 못하는 얼굴실인증prosopagnosia이 있는

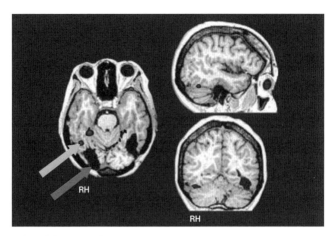

방추상 영역에 손상이 있는 뇌 MRI

데, 이런 환자들의 뇌 MRI를 촬영해보니 방추상 영역^{fusiform} gyrus의 손상이 있음이 발견됐다. 얼굴 인식에는 뇌에서 방추 얼굴 영역^{fusiform face area, FFA}이 관련하며, 이 영역은 다른 전문가적 일을 할 때도 관련하는 것으로 알려져 있다. 조현병 환자들은 대인관계에서 힘들고 불편함을 많이 느낀다. 아마도 이는 상대방의 얼굴을 인식하는 데 어려움이 있다는 점과 관련이 있으리라고 추정할 수 있다.

천재를 만드는 것은 영감이 아닌 뇌다

천재와 장애의 한 끗 차이

이른바 '슈퍼 노멀super-normal'이라고 불리는 천재들 중에는 일반적인 의사소통이 불가능하고, 반복적인 행동으로 정상적인 대인관계를 맺지 못하는 등의 지적 장애를 가진 이들도 있다. 특정 분야에서는 일반인을 능가하는 재능을 보이지만 사회생활이나 대인관계에서는 심각하게 장애가 있는 질환이 있는데, 이를 서번트 증후군Savant syndrome이라고 한다. 명확한 원인은 아직 밝혀지지 않았으나, 자폐증과 같이 선천적으로 신경 발달이 이뤄지지 않은 경우와 후천적으로 뇌 손상을 입은 경우로 나뉜다.

서번트 증후군을 앓았던 인물 중 영국의 작가 대니얼 태

멋Daniel Tammet은 수학 계산과 언어 습득 영역에서 천재성을 보였다. 원주율 파이π의 소수점 아래 숫자를 가장 많이 암기한 세계 기록 보유자로서, 5시간 동안 2만 2000여 자리에 이르는 숫자를 암기했다. 또한 모국어 영어를 포함해 총 11개국의 언어에 능통한데, 특히 아이슬란드어의 경우 단일주일 만에 생방송 TV 프로그램에서 이야기를 나눌 정도로 유창한 실력을 갖추기도 했다.

킴 픽Kim Peek 또한 그런 천재 중의 한 명이다. 영화 〈레인맨〉의 실제 모델이기도 한데, 영화에서 주인공이 10초에 한 페이지씩 책을 넘기며 내용을 기억해내는 것처럼 뛰어난 암기력을 바탕으로 한 예술 작업을 수행한다. 픽의 뇌를 관찰해보면 일반인들에 비해 뇌의 크기가 비교적 큰 반면, 소뇌는 작고 왼쪽과 오른쪽 반구를 이어주는 뇌량이 적다는 것을 확인할 수 있다. 이것이 서번트 증후군을 앓는 모든 사람의 뇌 구조를 반영한다고 할 수는 없지만, 일반인과 비교했을 때 뇌의 구조 자체가 다르다는 것을 시사하는 결과라고 할 수 있다.

살아 있는 카메라로 불리는 영국의 화가 스티븐 윌트셔Stephen Wiltshire 또한 뛰어난 기억력을 가진 천재다. 항공기를 타고 대도시의 전경을 훑어본 뒤 며칠 동안 기억에 의지해 그림을 그려낸다. 자폐증이라는 지적 장애를 갖고 태어났지만, 누구보다 뛰어난 기억력으로 이제는 세계적인 유명 인사가 됐다. 인간이 풀지 못한 뇌에 대한 비밀은 이처럼 아직도 무궁무진하다.

한편 이런 사실을 바탕으로 생각해보면, 현대인들의 뇌는 과거 사람들의 뇌와 상당히 다른 모습을 띠고 있을지도 모른다. 휴대전화 안에 모든 것이 들어 있는 오늘날에는 누군가의 연락처를 외울 필요도, 약속 장소에 가는 길을 미리 머릿속에 입력할 필요도 없다. 뇌에서 기억력과 공간 지각력을 담당하는 부위의 활성화 정도도 그만큼 떨어져 있을지 모를 일이다.

창의성은 뇌 기능의 저하다

창의적인 예술가의 뇌는 일반인의 뇌와 다를까? 르네상스 시대 이탈리아를 대표하는 천재 중의 천재 레오나르도 다빈치Leonardo da Vinci는 해부학, 공학, 광학, 식물학, 지질학을 비롯해 건축과 회화에 이르기까지 분야를 넘나들며 종횡무진 활동한 융합형 예술가다. 다빈치는 사물과 현상을 강박에 가까울 정도로 관찰했다고 전해지는데, 그에게 관찰은 새로운 창조를 위한 기초였다고 할 수 있다.

현대 뇌과학에서는 전두엽 및 측두엽이 창발적인 생각들을 잡아두는 일종의 브레이크 역할을 하는 것으로 본다. 이는 곧 전두엽과 측두엽의 활성도가 저하됐을 때 오히려 창의적인 뇌가 될 수 있다는 추정을 가능케 한다. 실제로 창의적인 인물들의 뇌를 보면 전두엽을 비롯해 측두엽의 기능이 떨어져 있는 것을 확인할 수 있다.

전두엽은 이성적이고 논리적인 사고와 관련된 영역인 만큼 뇌 깊은 곳에서 올라오는 충동적이고 원초적인 본능을 억제하는 역할을 한다. 즉, 창조적인 생각을 합리적이고 현실적인 생각으로 바꾸는 것이다. 일반인들의 뇌가 창의적일 수 없는 이유가 이것이다. 반면 천재적인 예술가들은 전두엽과 측두엽의 기능이 약해져 있기 때문에 현실성 없는 욕망에 충동을 쉽게 느끼고 이를 예술로 승화한다.

이런 면에서 네덜란드의 화가 빈센트 반 고흐Vincent Van Gogh는 빼놓을 수 없는 인물이다. 고흐는 자살하기 전 약 10년 동안 900여 점의 작품과 1000여 장의 스케치를 남겼을 만큼 창작 활동에 몰두했다. 하지만 그는 정신질환 외에도 뇌전증을 앓고 있었고 측두엽 부근에 병변이 있었다고 알려져 있다. 천재적인 예술가들은 전두엽을 비롯해 측두엽의 기능이 약해져 있다는 이야기를 떠올려볼 때, 고흐의 창의성 또한 같은 맥락에서 이해할 수 있다.

학자들에 따라서는 고흐가 노란색을 특히 많이 사용했던 만큼 안료에 든 납 성분에 중독됐으리라고 추정하기도 한다. 납에 중독되면 빛이 원을 이루는 것처럼 보인다고 하는데, 그 모습이 흡사 고흐의 작품 〈별이 빛나는 밤〉을 떠올리게 하기 때문이다.[54]

한편 독일의 작곡가 로베르트 슈만Robert Schumann은 조현병과 조울증을 앓았다고 전해진다. 조증과 우울증이 동반

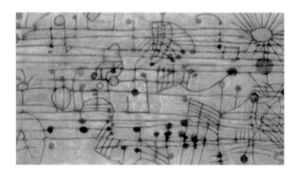

슈만의 정신질환 상태를 보여주는 악보

된 양극성 장애인 조울증은 두 기분 사이의 편차가 크다. 슈만은 조증 시기에는 한 해에 30편 이상의 작품을 만들 만큼 활발히 활동했지만, 우울증 시기에는 5편도 작곡하지 못할 정도로 침체했다. 결국 자살 시도로 정신병원에 입원했다가 많지 않은 나이에 생을 마감했다.

아인슈타인의 뇌를 열어보다

아인슈타인의 초기 생애 모습 또한 오늘날 천재의 대명사로 여겨지는 명성을 무색하게 한다. 아인슈타인은 만 3세에 이르러서야 말을 하기 시작했고, 초등학교 때는 실독증 alexia이 있었다고 한다. 대학생 때도 특출나지 않은 평범한 시절을 보냈다. 그런 만큼 많은 사람은 그가 어떻게 천재적인 능력을 발휘하게 됐는지 궁금해했다. 주어진 고정관념의 굴레를 벗고 천재로 재탄생하는 과정에서 뇌에 어떤 변화가 있었을지에 대한 의문이다. 이는 매우 중요한 뇌 연구 분야를 의미하기도 했다. 그리고 이를 밝혀내는 가장 확실한 방법은 아인슈타인의 뇌를 직접 보는 것이었다. 결국 비밀은 아인슈타인 사망 후 밝혀졌다.

연구에 따르면, 아인슈타인의 뛰어난 수학적 능력과 공

간 지각력 등은 이를 관장하는 뇌의 구조적 차이에서 기인한다. IQ 115, 사망 시 평균 연령 60세인 90여 명의 뇌와 아인슈타인의 뇌를 비교한 결과 아인슈타인의 뇌는 좌우 두정엽 하단부인 연상회supramarginal gyrus가 일반인보다 15퍼센트가량 넓었다. 그리고 좌우 두정엽 사이의 홈인 실비안 열구sylvian fissure가 일반인처럼 깊이 파여 있지 않고 얕았으며, 대신 그 자리에 뇌 신경세포가 채워져 있었다. 그 밖에 뇌의 무게와 앞뒤 및 위아래 길이 등은 일반인과 별다른 차이가 없었다.

두정엽은 신체의 여러 감각을 서로 연결하는 부위로, 사고 및 인식 기능 중에서도 수학이나 물리학에서 필요한 능력이 이곳에서 수행된다. 소리와 이미지를 통합하는 입체적·공간적 사고와 계산 및 연산 기능 등이다. 이는 단순한 산수나 주입식 공부보다는 전체적인 대뇌 피질을 동원할 수 있는 연상과 추론 위주의 수학 교육을 통해 강화된다.

한편 아인슈타인은 언어 중추가 있는 측두엽이 일반인보다 조금 작았는데, 모국어 습득이 늦고 성인이 되어서도 문장 구성력이 떨어졌던 이유를 선천적인 뇌의 구조 탓이라고 볼 수도 있을 것이다. 이를 바탕으로 보면 인류의 역사를 바꾼 아인슈타인의 놀라운 성취는 뇌의 선천적인 구조와 연관되어 있다고 할 수 있다. 뇌의 모양과 능력 사이에서 일관성 있는 상관관계가 발견된 것이다.[55]

사실 아인슈타인의 뇌에 관한 연구는 이전에도 진행됐다. 그중 가장 먼저 발표된 1985년 연구에서는 아인슈타인의 두정엽 신경세포가 일반인보다 비교 우위적으로 많았다는 것이 밝혀졌다. 이는 뇌에 영양을 공급하는 역할을 해 신진대사를 증대시킴으로써 아인슈타인이 일반인보다 더 뛰어난 추리력 및 상상력, 사고 능력을 갖출 수 있었다는 의미다.[56]

1996년에는 아인슈타인의 뇌 무게가 성인 평균 무게인 1400그램보다 적은 1230그램이라는 사실과 함께, 두정엽 피질의 두께는 일반인보다 얇았으나 신경세포의 밀도는 높아 피질 면적 대비 더 많은 신경세포를 담을 수 있었다는 연구 결과가 발표됐다.[57]

정신분석의 시대에서
인공지능의 시대로

인간의 사고는 이성보다 본능이 우선한다

신기하고 독특한 인간의 정신 작용을 이해하기 위해 사람들은 뇌과학이 발달하기 이전부터 많은 시도를 해왔다. 프로이트의 '억압repression'이라는 메커니즘도 그중 하나다. 프로이트가 이를 시각화한 그림을 보면, 시냅스가 발견되기 훨씬 전인데도 마치 신경세포가 시냅스에 의해 연결되는 것을 표현한 듯하다.[58]

어떤 자극 a가 뇌로 들어오면 a는 합리적인 흐름에 따라 b로 생각이 발전되는데, 이때 α 또는 β 등이 영향을 미친다. 즉 a에서 b로의 발전은 의식적인 것, α 또는 β는 억압과 관련한 무의식적인 것을 말한다. 무의식적인 것이 의식적

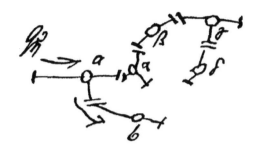

시냅스의 연결처럼 보이는 프로이트의 스케치

인 생각을 발전시키는 데 영향을 주는 것이다.

프로이트는 사고의 방식을 1차 과정 사고와 2차 과정 사고로 나눴다. 1차 과정 사고는 비현실적인 사고, 즉 원초적이고 파편적이고 본능적인 욕구 기반의 사고를 의미한다. 충동과 같은 감정 상태와 긴밀하게 연관되어 있다. 반면 2차 과정 사고는 현실적인 사고, 즉 a에서 b로 가는 합리적이고 논리적이고 이성적인 사고를 의미한다. 1차 과정 사고는 2차 과정 사고가 발달하기 전에 생성되며, 2차 과정 사고보다 더 기초적인 사고다. 하지만 2차 과정 사고가 발달하고 성숙해지면 본능적이고 충동적인 자아가 잦아들고, 2차 과정 사고를 통해 내·외부의 다양한 자극에 대처할 능력을 얻게 된다.

이에 대해 최근 정신분석학에서는 1차 과정 사고와 2차 과정 사고를 완전히 다른 범주로 분류하지 않고 연속선상에 있는 것으로 본다. 현실과는 다른 충동적인 생각을 한다면 1차 과정의 극단에서 사고하는 것으로, 현실적으로 원하는 목적에 맞게 논리적인 생각을 한다면 2차 과정 극단에 가깝게 사고하는 것으로 본다.

1차 과정 사고와 직접적으로 관련된 것이 꿈이다. 꿈은 서로 연결되지 않는 파편적인 내용으로 구성되어 있고, 현실 세계와 동떨어진 것도 많다. 그래서 프로이트는 1차 과정 사고가 원초적 무의식과 더 가까운 것으로 여겼고, 이것이 의식상으로 드러나는 것을 꿈이라고 했다. 잠을 잘 때면 의식이 약화되고 그 아래의 무의식적이고 충동적인 것이 올라오게 되는데, 그것이 꿈으로 나타난다는 것이다.

그는 최근의 일상과 관련된 내용, 먼 과거의 기억들이 뒤엉켜 새로운 심상과 이미지를 만드는 과정을 '꿈 작업traumarbeit'이라고 했다. 현실의 논리적 및 이성적 세계가 응축condensation, 전치displacement, 상징화symbolization의 과정을 거쳐 1차 과정 사고와 유사한 추상적인 꿈 형태로 나타난다고 설명했다. 여기에서 응축이란 꿈속의 한 현상이 서로 다른 여러 소망을 담는 것을 말하고, 전치란 중요한 사람이나 사건이 중요하지 않게 나타나는 것을 말하며, 상징화는 형태가 유사한 대상으로 변형되는 것을 말한다.

깊게 잠들수록 깨어나는 뇌

꿈에 대한 프로이트의 정신분석학적 해석은 이후 다양한 연구를 통해 더욱 확장됐다. 특히 1950년대에는 미국 시카고대학교 대학원생이었던 유진 아세린스키Eugene Aserinsky가 렘rapid eye movement, REM을 발견했다.[59] 렘이란 깊은 잠에 들었을 때 급속 안구 운동이 일어나는 수면 단계로, 이는 수면과 꿈의 깊은 상관관계가 발견되는 계기가 됐다.

이후 1970년대에 하버드 의대의 존 앨런 홉슨John Allan Hobson과 로버트 매컬리Robert McCarley가 꿈의 활동-생성 모델activation-synthesis model of dreaming이라는 가설을 제시했다.[60] 꿈이란 렘수면 과정 중 뇌간에서 자연적으로 발생하는 신경 활동이 대뇌 피질로 전해지며 부수적으로 나타나는 현상이라는 것이다.[61] 이는 꿈의 신경생물학적 기전을 처음으로 제시한 이론이었다. 하지만 이후 꿈과 관련한 무수한 연구가 진행됐음에도, 꿈의 명확한 기전은 아직 밝혀지지 않았다.

꿈의 기능 또한 마찬가지다. 수면 시 뇌 기능에 대한 연구를 통해 몇 가지 유추가 가능할 뿐이다. 연구에 따르면 비렘non-rapid eye movement, NREM수면 시에는 깨어 있는 상태에 비해 전반적인 뇌 활동성이 낮아져 있지만, 렘수면 때는 깨어 있는 것 이상의 신경 활동을 보인다.[62] 이에 최근에는 렘수면과 꿈이 기억과 관련된 기능을 하는 것으로 추측한다. 즉 깨어 있을 때 생긴 기억이나 감정을 렘수면 시에 재생함으로써 기억을 공고화consolidation하고, 일부 강렬한 감정 기억은 당사자가 잘 소화할 수 있도록 재조절하는 기능을 한다는 것이다. 적절한 수면을 취하지 못할 때 뇌 기능에 문제가 생기는 이유다.

오늘날에는 꿈속의 무의식을 의식화해 정신질환을 개선하는 치료법을 사용하기도 한다. 기술의 한계로 입증되지 못한 정신분석 이론을 최신 과학기술로 밝혀내 신경과학적으로 설명하고, 더 나아가 의학에 적용하는 것이다. 앞서 이야기했듯이, 쉬고 있는 동안의 뇌를 촬영했을 때 활성화되는 뇌의 영역들을 디폴트 모드 네트워크DMN라고 부른다. 아무것도 하지 않고 가만히 있을 때도 뇌의 신경회로는 활성화되는 것이다. 자신과 관련 있거나 과거를 기억하고 미래를 계획하고 자신의 믿음을 강화할 때 주로 활성화되는 부위다.

특히 디폴트 모드 네트워크는 실제 정신질환의 발현을 차단해준다는 점에서 더욱 중요하다. 주의력 및 인지 기능과 관련되어 활성화되는 영역을 디폴트 모드 네트워크가 잘 억제하지 못하면 조현병에서 나타나는 망상, 환각, 사고장애 등의 양성 증상이 일어날 수 있다. 그래서 휴식을 잘 취하는 것이 정신건강에 이롭다고 하는 것이다. 디폴트 모드 네트워크가 뇌의 기저에 있는 의식의 기반이 되는 것이다.[63] 의식의 밑바탕에서 이런 역할을 하게 하는 신경회로가 존재한다는 사실, 프로이트가 100년 전에 이야기한 내용과 다르지 않다.

인간보다 인간을 더 잘 이해하는 AI

프로이트 이후 인간의 마음에 대한 많은 연구가 이뤄졌으며, 이제는 정신의학 영역에서도 AI가 활용되고 있다. 말 그대로 AI 시대다. AI를 이용해 수집·분석된 정보를 바탕으로 의사는 환자에게 맞는 적절한 치료 계획을 세울 수 있다. 의사와 환자 간 소통의 틈을 AI가 채우는 것이다. 의사는 AI를 활용해 환자의 평소 상태나 위기 상황 당시의 상태, 사람이 놓칠 수 있는 미묘한 패턴이나 경고 신호 등을 찾아낼 수 있다.

실제로 최근에는 AI를 이용해 정신건강을 관리하는 휴대전화 앱들이 개발되고 있다. 앱 '워봇woebot'은 미국 스탠퍼드대학교 연구팀이 AI와 인지행동치료의 원리를 결합하여 개발한 앱이다. 매일 사용자에게 메시지를 보내 기분과 에너지를 확인하고 질문하는데, 사용자가 위험 징후를 보였을 때 행동 요법을 통해 자학적인 사고에 대처하도록 돕는다. 연구팀이 진행한 무작위 대조 실험 결과에 따르면 사용자의 불안과 우울증 증상이 크게 개선되는 효과가 있었다.[64]

노인 요양 시설에 로봇 형태의 AI를 설치해 노인들의 외로움 또는 우울감을 해결하기도 한다. 실제 AI는 축적된 데이터를 기반으로 대화와 표정에 반응하며 노인들과 소통하는데, 누군가가 놀리면 슬픈 표정을 짓기도 하고 함께 게임을 하기도 하는 등 사람들과 상호작용을 한다. 그뿐만이 아니라 세대 간에 생기는 소통의 어려움에도 도움을 준다.

AI 기술을 품고 있는 웨어러블 디바이스wearable device 또한 정신건강을 관리하는 데 쓰일 수 있다. 현재 사용되는 종류는 크게 스마트 워치와 스마트 밴드로 나눠볼 수 있는데, 수면이나 신체 활동을 체크하기 위해 많은 사람이 사용한다. 수면 패턴이나 자세에 대한 정보를 수집 및 분석해서 수면의 질을 높일 방법을 제안하고, 심장 박동과 같은 생체신호를 측정해 의사에게 해당 정보를 보고할 수도 있다. 목소리와 키패드를 통해 사람과 소통하며, 카메라·마이크·센서를 통해 움직임을 인식할 수 있다. 현재 우리나라에서는 노인 우울증 및 치매 예방을 위해 시험적으로 사용하고 있다.

AI가 언어 패턴을 통해 감정을 인식하는 기술은 정신건강 측면에서 상당히 중요한 함의를 가진다. 단조로운 말하기는 우울증, 빠르게 말하기는 조증, 일관성 없는 말하기는 조현병과 연관되어 있기에 이 점을 바탕으로 정신건강 관리에 활용할 수 있다.

실제 머신러닝을 통해 조현병 환자와 일반인의 언어를 분석한 연구에서 AI는 둘 사이의 언어 차이를 대체로 잘 구분했다. 조현병 환자와 일반인은 말의 주제도 달랐지만, 같은 주제라고 할지라도 가장 많이 사용한 단어가 달랐다. 일반인이 보다 일상적인 문구를 많이 사용했다면 조현병 환자는 전치사나 추상적인 단어를 더 많이 사용했다. 또한 일반인이 개인적인 맥락에서 긍정적인 단어를 많이 사용한 것과 달리, 조현병 환자는 특별한 의미가 없고 부정적인 의미로 사용될 수 있는 단어를 더 많이 사용했다.[65]

이처럼 언어가 인간의 정신을 들여다볼 수 있는 효과적 도구라는 점에 착안해, 미국 콜로라도대학교 볼더 캠퍼스 연구팀에서는 언어를 분석해 감정 상태를 파악하는 휴대전화 앱을 개발했다. 환자에게 감정 상태와 관련된 이야기 또는 질문을 한 후 얻은 답을 환자의 이전 반응이나 다른 환자군의 반응과 비교해서 현재 환자가 겪고 있는 정신적인 괴로움을 평가하는 것이다. 말뿐만 아니라 글로 표현된 언어 역시 AI에 의해 훌륭히 분석될 수 있다는 점을 보여주는 사례다. 연구에 따르면, 단어의 선택과 배열을 통해 감정을 파악하는 머신러닝 기술이 환자의 자살 의도를 훈련된 의료인보다 더 잘 판별했다고 한다. 사람이 놓칠 수 있는 미묘한 패턴이나 경고 신호를 AI가 감지한 것이다.

인간 정신에
과학이 깃들다

AI와 감정까지 공유하는 시대

AI와 인간은 공생할 수 있을까? AI가 관리하는 미래의 정신건강은 어떤 모습일까? 이를 이야기하기 위해서는 테슬라와 스페이스엑스의 창업자 일론 머스크^{Elon Musk}를 빼놓을 수 없다. 혁신의 아이콘으로 불리는 머스크는 2020년 8월 자신이 설립한 뇌 연구 기업 뉴럴링크 미국 본사에서 돼지 뇌에 동전 크기의 신호 수집기인 뉴럴 칩^{neural chip}을 이식해 이를 통해 뇌파를 외부 컴퓨터로 무선 전송했다.

　이 시도의 궁극적인 목표는 하나다. 뇌-컴퓨터 인터페이스^{brain-computer interface, BCI} 개발을 통해 돼지가 아닌 사람의 뇌와 인터넷을 연결하는 것이다. 이미 미국 식품의약국^{FDA}

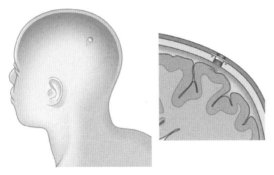

정신질환의 예방과 특정 뇌 기능의 활성화를 목표로 하는 뉴럴 칩 © neuralink

의 승인까지 받은 상태다. 민간 우주 개발 업체인 스페이스
엑스가 대우주로의 확장을 목표로 하고 있다면, 뉴럴링크
는 우주의 축소판이라고 할 수 있는 소우주, 즉 뇌의 세밀
한 탐색을 추구하는 것이다.

뉴럴 칩은 뇌전증이나 우울증 같은 신경정신질환을 치
료하는 데 목적이 있다. 이는 앞선 신경조절술에도 활용할
수 있는데, 특정 정신질환에 해당하는 신경회로를 보다 정
교하게 파악함으로써 심지어 해당 증상이 생기기도 전에
신호를 감지해 예방하는 것이다. 하지만 뉴럴 칩의 궁극적
인 목표는 뇌와 컴퓨터를 연결해 인간이 원하는 정보를 뇌
에 입력하는 데 있다. 윤리적 적합성을 논외로 한다면, 인

지력 및 사고력 등 뇌의 특정 기능을 향상시키고 우울이나 불안 등의 감정을 손쉽게 제거하는 세상이 올지도 모른다.

여전히 한계는 있다. 뇌의 특정 부위가 어떤 식으로 작동하는지에 대한 기전이 아직 제대로 밝혀지지 않았기 때문이다. 또한 전기 자극을 '읽는 것'과 '쓰는 것'은 전혀 다른 문제다. 아직은 단순히 전기 신호의 발생 위치를 파악한 정도일 뿐, 인간의 복잡한 인지 기능과 사고 능력까지 제어하기에는 갈 길이 멀다. 물론 현재의 기술 발전 속도를 생각한다면 머스크의 꿈을 허무맹랑한 것으로만 취급할 수는 없을 것이다.

한편 최근에는 가상현실virtual reality, VR 기술을 AI와 접목함으로써 정신건강을 관리하는 데 활용하고 있다. 영국의 옥스퍼드VR은 자극에 대한 노출 치료로서 고소공포증을 완화하는 자동화된 VR 시스템을 제공하고 있으며, 더 나아가 불안장애를 비롯한 다양한 심리 치료에 적용할 수 있는 콘텐츠를 개발 중이다. VR 시스템은 당사자가 스스로 작동함으로써 비용과 시간적인 부담을 덜어준다는 점에서 특히 긍정적이다.

우리나라도 VR 기술을 실생활에 활용하기 위해 노력하

고 있다. VR 콘텐츠와 소프트웨어를 통해 알코올 중독자의 범죄를 예방하기 위한 치료 및 돌봄 시스템을 마련하는 것이다. 알코올 중독자 고위험군에 적용해 재범률을 낮추고, 이에 따른 범죄의 사회적 비용도 절감하는 데 목적이 있다. 법무부에 따르면 알코올 보호관찰 대상자를 바탕으로 실험한 결과 범죄와 관련된 알코올 분노에 대한 지표가 실제로 감소했다고 한다.

인지 훈련 및 치매 예방 또한 VR 시스템을 활용할 수 있는 좋은 분야다. 기존의 치매 예방 교육이 단순하고 반복적이었던 것과 달리, VR 기반의 현실감 넘치는 다양한 프로그램을 통해 게임을 하듯 즐겁게 참여할 수 있다는 점에서 더욱 효과적이다. VR 기술을 전국의 치매안심센터, 보건소 등의 기관에서 활용한다면 치료에 투입되는 사회적 비용을 예방 차원에서 줄일 수 있다는 점이 긍정적이다.

실제로 국내에서는 정신건강 관리가 가능한 스마트 헬스 케어 솔루션이 개발되기도 했다. 생체신호인 맥파와 뇌파를 통해 1분 안에 스트레스와 두뇌 건강 상태를 측정하고, 그 결과를 바탕으로 심리 치료를 위한 개별 VR 콘텐츠를 제공한다. 심리 상담사에게 직접 상담받듯이 문항에 응

답하며, 생체신호 분석 결과에 따라 VR 심리 치유 훈련도 받을 수 있다. 고해상도의 VR 기술이 개발된다면 보다 종합적인 정신건강 관리가 가능할 것이다.[66]

메타버스metaverse를 정신과 치료에 이용할 수도 있다. 정신질환의 특성상 병원 방문을 꺼릴 수도 있고, 직접 방문하기 어려운 사람들을 위해 가상공간에서 실제 정신과 상담처럼 면담이 가능하기 때문이다. 물론 아바타를 이용하여 상호 교류를 할 수도 있다. 메타버스라는 가상의 공간에서 실시간 모니터링도 가능해질 것이기 때문에 향후 혁신적인 디지털 기술의 발전이 정신과 영역에 큰 역할을 할 것으로 생각된다.

이와 더불어 미래에는 AI와 인간이 공생을 넘어 감정까지 공유하는 시대가 올지도 모른다. AI가 인간의 마음을 이해하고 치유하는 것에서 더 나아가 외로움이나 애정의 욕구까지 충족시키는 것이다. 그런 의미에서 영화 〈그녀〉는 많은 것을 생각하게 해준다. AI가 감정의 공유를 통해 인간의 마음을 성장시킬 가능성을 보여주기 때문이다. 아내와 별거 후 외로운 시간을 보내는 주인공은 삶에 어떤 의욕과 의미도 느끼지 못한 채 무기력하고 우울한 나날을 보낸다.

그러던 중 우연히 AI 대화 프로그램 '사만다'를 만나고, 대화를 통해 위로와 치유를 받으며 성장한다. 아내를 향한 정리하지 못한 마음을 조금씩 내려놓으며 보통의 삶으로 돌아갈 힘도 얻는다. 그러는 사이 사만다가 사람이 아닌 AI라는 사실을 자각하고 이후 작별하는 시간을 맞지만, 그동안의 대화를 통해 이룬 내적 성장 덕분에 주인공은 이별에 잘 대처할 수 있는 사람이 된다.

물론 영화와 같은 AI를 실현하기까지 아직은 기술적인 한계를 비롯해 사회적·윤리적 담론들이 존재한다. 하지만 인간의 정신을 치유하고 관리하기 위한 AI 기술들이 하루가 다르게 발전하고 있다는 점은 부인할 수 없는 분명한 사실이다.

중독 없는 의약품, 디지털 치료제

정보통신 기술의 발달로 이제는 디지털 치료^{digital therapeutics}라는 용어도 등장했다. 디지털 치료제는 쉽게 말해 약물은 아니지만 의약품과 같이 신체 및 정신질환을 예방, 관리, 치료하기 위한 소프트웨어를 말한다. 가장 흔한 사례는 복약 지도를 하는 것인데, 약을 거르고 안 먹는 등 약에 대한 순응도가 떨어지는 것을 막고자 소프트웨어가 때맞춰 복약을 지시한다.

스마트 워치나 밴드에 포함되어 있는 건강관리 소프트웨어도 여기에 해당한다. 이를 통해 혈압·맥박·심전도 등의 생체신호를 분석함으로써, 유해한 건강 문제를 예측해 질병을 예방하고 약물의 효과를 최적화해 치료에까지 활용한다. 일상생활에서 얻은 여러 가지 생물학적 빅데이터를 통해 건강 상태를 파악하고 이에 대해 조언을 하는 것이다. 이는 특히 생활 습관이 중요한 당뇨·고혈압 등의 만성질환이나 파킨슨병과 같이 치료가 어려운 중추신경계 질환, 일상생활에서의 변화가 중요한 강박증 등의 인지행동치료에서 효과적이다. 중독 등의 약 부작용에서 벗어날 수 있다는 점에서 앞으로 더욱 주목받을 것으로 보인다.

디지털 치료제는 의약품과 마찬가지로 임상시험을 통해 치료 효과를 검증받아야 한다. 따라서 FDA 등 규제 기관의 인허가를 받아야 하며, 의사의 처방을 통해서만 환자에게 제공된다. 다만 혈당 관리를 체크하는 등 단순히 환자의 건강 상태를 기록·관리함으로써 생활 습관이나 행동의 개선을 유도하는 프로그램은 디지털 치료제가 아니라 디지털 서비스에 해당하므로 승인을 받지 않아도 된다.

디지털 치료제는 기존 약물과 함께 사용해 치료 효과를 높이는 용도일 경우 보완재나 약물과 병용해도 되지만, 이와 상관없이 직접적인 치료 효과를 보일 경우 대체재로 구분된다. 최초의 디지털 치료제는 약물 중독 치료 앱 '리셋 reSET'이다. 2017년 FDA의 허가를 받은 피어테라퓨틱스는 이를 시작으로 만성 불면증 치료를 위한 인지행동치료 앱 '솜리스트somryst'의 허가 또한 완료했다. 이 외에 유럽 인증 conformite europeen marking, CE을 받은 빅헬스의 불면증 치료 앱 '슬리피오sleepio'까지, 이들 제품이 현재 디지털 치료제 세계 시장을 선도하고 있다.[67]

본래 불면증의 표준 치료 방법은 인지행동치료다. 하지만 물리적·경제적 한계와 현실적인 문제 등으로 불면증 환자의 대부분은 약물치료에 의존하고 만다. 이는 장기적으로 약물의 과다 처방으로 기인하는 의약품 비용 증가와 오남용, 의존성 문제 등을 발생시켜 치료 효과를 감소시킨다. 디지털 치료제로 구현한 인지행동치료는 산재한 여러 문제를 해결할 뿐만 아니라 환자의 수면 패턴이나 양상을 실시간으로 모니터링함으로써 개인 맞춤형 치료를 진행할 수 있다는 점에서 무척 중요하다.

그뿐만이 아니라 아칼리의 '인데버Rx^EndeavorRx'는 ADHD 를 겪는 어린이를 치료하는 모바일 게임으로, 최초로 FDA 의 허가를 받았다. 또한 프로테우스가 개발한 '아빌리파 이마이사이트Abilify MyCite'는 기존의 조현병 치료 알약에 특 수 센서를 내장해 환자의 가슴에 부착한 웨어러블 디바이 스로 전기 신호를 전달한다. 이 외에 팰로앨토의 외상후스 트레스장애post traumatic stress disorder, PTSD 치료 앱 '프리스피라 FreeSpira'와 볼룬티스의 당뇨병 인슐린 투여 용량 계산 앱 '인 슐리아Insulia' 등 이제 전 세계의 디지털 치료제 시장은 당 뇨, 비만, 심혈관 및 호흡기 계통의 신체질환뿐만 아니라 정신질환에 이르기까지 더욱 가파른 성장세를 이룰 것으 로 보인다.

우리나라 또한 디지털 치료에 관심을 갖고 많은 기업이 프로그램 개발을 위해 노력하고 있다. 뉴냅스의 '뉴냅비전 Nunap Vision'은 뇌 신경 손상에 따른 시야장애를 치료하기 위 한 VR 소프트웨어로 식품의약품안전처KFDA의 승인을 처음 으로 완료했다. 이 외에도 호흡 재활, 알코올 중독, ADHD, 경도 인지장애, 우울증, 불면증, 불안장애 등 다양한 질환

에 대한 디지털 치료제가 개발되고 있다.[68]

가깝고도 먼 AI의 미래

정신건강 관리 측면에서 AI의 발전은 이미 무시할 수 없는 수준에 다다랐다. 앞으로는 AI 기술을 이용한 휴대폰 앱, 웨어러블 디바이스, VR, 로봇 등을 통해 접근성을 보다 향상시킨 서비스들이 개발될 것이다. 이는 의사와 환자 모두에게 긍정적인 효과를 가져온다.

의사는 AI를 통해 축적한 정보를 기반으로 하여 예방 차원의 질병 관리를 위해 체계적인 치료 계획을 세울 수 있다. 실시간으로 축적된 빅데이터 분석 자료를 바탕으로 환자의 상태를 지속적으로 관찰함으로써 문제 상황을 즉각적으로 파악하고, 적절한 맞춤형 치료 방법을 빠르게 제안하는 것이다. 환자 또한 물리적 한계에서 벗어나 더 손쉽게 적은 비용으로 치료받을 수 있다. 전문 인력이나 장비가 충분하지 않아 의료 서비스에 접근하기 어려운 지역에서도 AI를 이용하면 지속적인 건강 관리가 가능하다.

더 나아가 가까운 미래에는 AI와 직접 상담하는 시대가 열릴 것이다. 특히 정신질환의 경우 사회적 낙인 문제 때문

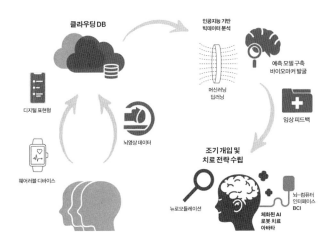

미래 정신의료 © CCNC

에 의사에게 직접 찾아가 상담하는 것을 꺼리는 경우가 많다. 그런 점에서 AI를 통한 상담은 접근성 차원에서도 훌륭하고 상대적으로 쉽게 이야기를 꺼낼 수 있다는 점에서 긍정적이다. 하지만 현시점에서 AI가 정신건강 관리의 대안이 될 수 있을지는 아직 미지수다. 아직은 전 세계적으로 엄격한 검증을 거친 의료용 AI가 많지 않고, 축적된 데이터의 양도 부족하기 때문이다. AI 기술은 데이터양에 비례해 힘을 발휘하는 만큼, 이미 개발된 AI 기술들도 수년간의 많은 임상시험을 거쳐야만 일상의 영역에서 사용될 수 있다.

또한 AI는 공감 능력 측면에서도 여전히 한계가 있다. 상담자와 내담자 사이의 친밀감 또는 신뢰 관계를 이르는 라포르rapport는 진실한 이야기를 끌어내는 데 상당히 중요한 요소다. 하지만 AI는 사람이 아니다 보니 이런 관계를 형성하는 데 한계가 있을 수 있다. 그래서 미래에 AI를 이용한 정신건강 관리는 전문 인력을 대체하기보다 협력하는 형태로 활용될 것으로 보인다.

알파고의 승리로 고등 인지 기능이 이제 더는 인간 고유의 것으로 여겨지지 않는다. AI에는 이를 담당하는 대뇌 신피질은 없지만 머신러닝이나 딥러닝을 통해 스스로 배우고 학습하는 능력이 있다. 더 나아가 이제 AI는 신체 및 정신질환을 치료하는 핵심적인 요소가 됐다.

과거 프로이트는 인간의 정신을 의식과 무의식으로 구분하고, 꿈에 대한 통찰을 통해 무의식을 의식화하는 방식의 치료를 이야기했다. 하지만 앞으로의 치료는 자신도 알아차리지 못하는 언어 및 행동 패턴을 AI를 통해 모니터링하고 분석·예측함으로써 정신질환을 미리 감지하고 예방하는 방식으로 진행될 것이다. AI는 높은 접근성, 빅데이터에 기반한 정확한 분석·예측을 바탕으로 약물 복용이 아닌 행동의 변화를 유도함으로써 신체와 정신의 각종 질환을 예방·관리하고 치료하는 역할을 할 것이다.

쉽게 무너지지 않는 마음의 비밀

2011년 8월, 영국 방송 BBC에서 세계 12대 경제 규모를 자랑하는 한국이 왜 세계에서 자살률이 가장 높은지를 심층 보도했다. 요약하자면 '한국은 지하철에서도 인터넷을 이용할 수 있고, 살사클럽에서 밤새도록 춤출 수 있고, 출근길에는 맛있는 카푸치노를 살 수 있는 나라일 정도로 부유해졌지만, 사람들은 한국전쟁 직후의 어려웠던 시절보다도 덜 행복해 보인다'라는 것이었다.

그로부터 10년이 흘렀지만 자살, 광기, 불안, 우울, 집착, 망상, 피해의식, 게임 중독, 사이코패스 등은 우리에게 여전히 익숙한 단어다. 더욱이 코로나19를 겪으면서 사회적 연결이 줄어들어 개인이 느끼는 고립감과 두려움은 더

심해졌다. 급격한 사회 변화의 스트레스가 사람들을 무너뜨리고 있는 것이다.

스트레스는 어떤 기전을 통해 우리를 무너뜨리는 걸까? 거기에 지지 않고 꿋꿋이 일어설 방법은 없는 걸까? 왜 어떤 사람은 역경에 부닥쳐도 다시 일어서는 반면 어떤 사람은 작은 충격에도 무너지고 마는 걸까? 스트레스를 느끼는 강도와 회복탄력성의 크기가 사람마다 다른 데에는 어떤 이유가 있을까? 누구나 가지고 있는 이런 궁금증을 짚어보고 싶었다.

정신질환은 숨어 있다. 자기만 느끼는 경우가 많다. 남들 보기에는 괜찮았는데 어느 날 우울증으로 자살한다. 공황장애panic disorder 환자는 심장이 터질 듯이 뛰고 땀을 흘리며 본인은 죽을 것 같아 응급실로 실려 온다. 하지만 심전도나 맥박, 혈압 등의 검사를 해보면 정상이다. 외부 환경에 영향을 받는 일시적인 우울증이라면 영화나 쇼핑, 운동 등으로 기분 전환이 된다. 그러나 중증이면 인지행동치료·운동치료도 필요하지만, 약물치료가 필수적이다. 우울증 환자에게는 뇌의 세로토닌 활성도를 높이는 약을 투여하는데, 뇌에 변화가 오면 기분이 바뀐다. 지속적인 운동을 하거나 가짜로 웃는 것도 뇌 상태에 변화를 준다. 뇌를 이해하면 왜 이런 일이 일어나는지도 알 수 있다.

우리는 뇌 없이는 하루도 살아갈 수 없다. 뇌를 이해하는 것은 뇌를 연구하는 전문가들만이 아니라 일반인에게도 필요하다. 일상생활에서 뇌와 관련된 여러 현상을 이해하기 위해서다. 특히 미래 사회는 뇌를 이해하지 않고는 살아가기 힘든 세상이 될 것이다. 그래서 뇌에 대한 이야기를 쓰고 싶었고, 이 책이 뇌를 이해하는 데 조금이나마 도움이 되었기를 바란다.

코로나 위기를 겪으며 정신적으로 힘들어했을 많은 분에게 이 책을 바친다.

주석

1. Michael S. Gazzaniga et al. (2013). Cognitive Neuroscience: The Biology of the Mind, W. W. Norton & Company, 2013.

2. Martin Garwicz et al. (2009). "A Unifying Model for Timing of Walking Onset in Humans and Other Mammals". Proceedings of National Academy of Sciences of the United States of America, Volume 106, Issue 51, pp. 21889~21893.

3. Arthur W. Toga et al. (2012). "Mapping the Human Connectome". Neurosurgery, Volume 71, Issue 1, pp. 1~5.

4. 권준수, "새해 계획은 왜 항상 실패할까?",《한국일보》, 2018.1.22.

5. 콘라트 로렌츠,『솔로몬의 반지』, 사이언스북스, 2000.

6. Kenji Hakuta et al. (2003). "Critical Evidence: A Test of the Critical-Period Hypothesis for Second-Language Acquisition". Psychological Science, Volume 14, Issue 1, pp. 31~38.

7. Nathalie E. Holz et al. (2020). "Resilience and the Brain: a Key Role for Regulatory Circuits Linked to Social Stress and Support". Molecular Psychiatry, Volume 25, Issue 2, pp. 379~396.

8. Aloys Sprenger et al. (2002). "Visual Search in Patients with Left Visual Hemineglect". Progress in Brain Research, Volume 140, pp. 395~416.

9. Jeffrey M. Burns & Russell H. Swerdlow. "Right Orbitofrontal Tumor With Pedophilia Symptom and Constructional Apraxia Sign". Arch Neurol, Volume 60, Issue 3, pp. 437~440.

10. Yaling Yang & Adrian Raine. (2009). "Prefrontal Structural and Functional Brain Imaging Findings in Antisocial, Violent, and Psychopathic Individuals: A Meta-Analysis". Psychiatry Research, Volume 174, Issue 2, pp. 81~88.

11. 권준수, "안인득 사건, 그후 2년?", 《헤럴드경제》, 2021.4.30.

12. Ah Young Lim et al. (2018). "Job-Seeking Stress, Mental Health Problems, and the Role of Perceived Social Support in University Graduates in Korea". Journal of Korean Medical Science, Volume 33, Issue 19, p. 149.

13. 김수영 · 박병제, 「2019년 사망원인통계」, 통계청, 2020.

14. 이선미 외, 「정신건강 문제의 사회경제적 영향 분석 및 관리 방안 연구: 우울증을 중심으로」, 국민건강보험공단 건강보험정책연구원, 2013.

15. 권준수, "'코로나 블루', 한템포 쉬어가는 계기 되길", 《헤럴드경제》, 2020.4.17.

16. Nancy Frasure-Smith et al. (1993). "Depression Following Myocardial Infarction: Impact on 6-Month Survival". The Journal of the American Medical Association, Volume 270, Issue 15, pp. 1819~1825.

17. Richard Schulz et al. (2000). "Association Between Depression and Mortality in Older Adults: The Cardiovascular Health Study". The Journal of the American Medical Association, Volume 160, Issue 12, pp. 1761~1768.

18. Daniel R. Witte et al. (2000). "Cardiovascular Mortality in Dutch Men During 1996 European football championship: Longitudinal Population Study". British Medical Journal, Volume 321, Issue 7276, pp. 1552~1554.

19. Andre R. Brunoni et al. (2017). "Trial of Electrical Direct-Current Therapy Versus Escitalopram for Depression". New England Journal of Medicine, Volume 376, Issue 26, pp. 2523~2533.

20. Felipe B. Schuch et al. (2016). "Exercise as a Treatment for Depression: A Meta-Analysis Adjusting for Publication Bias". Journal of Psychiatric Research,".Volume 77, pp. 42~51.

21. Swathi Gujral et al. (2019). "Exercise for Depression: A Feasibility Trial Exploring Neural Mechanisms". The American Journal of Geriatric Psychiatry, Volume 27, Issue 6, pp. 611~616.

22. Yu Sang Lee et al. (2013). "Renaming Schizophrenia in South Korea". Lancet. Volume 382, pp. 683~684.

23. 권준수 외, 「정신분열병 병명 개정 백서」, 대한조현병학회, 2011.

24. 권준수, "이젠 조현병이라 불러주세요", 《동아일보》, 2011.10.27.

25. 이 글이 발표될 때까지는 폐쇄병동이 증가하여 오래 입원해 있는 것이 문제였다. 그런데 2017년 정신건강복지법 이후 폐쇄병동이 줄어들고 급성기 환자의 입원 요건이 까다로워졌고, 오히려 현재는 입원시키려고 해도 병동이 없어 그러기 어려운 상황이다. 급성기 치료와 관련이 있는 급성기병동을 확충하고 응급치료 시스템을 구축함으로써 치료가 지연되어 환자의 뇌 손상

이 지속되지 않게 해야 조현병의 경과가 좋아질 것이다.

26. Neil D. Woodward & Stephan Heckers. (2016). "Mapping Thalamocortical Functional Connectivity in Chronic and Early Stages of Psychotic Disorders". Biological Psychiatry, Volume 79, Issue 12, pp. 1016~1025.

27. James Woolley & Philip McGuire. (2005). "Neuroimaging in Schizophrenia: What Does It Tell the Clinician?". Advances in Psychiatric Treatment, Volume 11, Issue 3, pp. 195~202.

28. Cho KI et al. (2016). "Altered Thalamo-cortical White Matter Connectivity: Probabilistic Tractography Study in Clinical-high Risk for Psychosis and First-episode Psychosis". Schizophr Bull, 2016 May; 42(3), pp. 723~731.

29. Robert W. Buchanan et al. (1994). "Domains of Psychopathology: An Approach to the Reduction of Heterogeneity in Schizophrenia". Journal of Nervous and Mental Disease, Volume 182, Issue 4, pp. 193~204.

30. Lynn E. DeLisi et al. (2006). "Understanding Structural Brain Changes in Schizophrenia, Dialogues in Clinical Neuroscience". Volume 8, Issue 1, pp. 71~78.

31. Won-Gyo Shin et al. (2020). "The Neurobehavioral Mechanisms Underlying Attitudes Toward People With Mental or Physical Illness". Frontiers in Behavioral Neuroscience, Volume 14.

32. Frank-Gerald Pajonk et al. (2010). "Hippocampal Plasticity in Response to Exercise in Schizophrenia". Archives of General Psychiatry, Volume 67, Issue 2, pp. 133~143.

33. 김수연 외, "'내 행복은 56점' 어깨 처진 대한민국", 《동아일보》, 2019.6.29.

34. 박명호 · 박찬열, 「행복지수를 활용한 한국인의 행복 연구」, 《한국경제포럼》, 한국경제학회, 제12권, 제4호, 2020.

35. 홍진표 외, 「2016년도 정신질환실태 조사」, 보건복지부, 삼성서울병원, 2017.

36. 김진·김락현, 「2018년 사망원인통계」, 통계청, 2019.

37. 김수영·박병제, 「2019년 사망원인통계」, 통계청, 2020.

38. Steven Z. Fisher & Stephen T. Student. (2012). "A Triple Dissociation of Neural Systems Supporting ID, EGO, and SUPEREGO". Psyence, Volume 335, p. 1669.

39. Allan Siegel & John Douard. (2011). "Who's Flying the Plane: Serotonin Levels, Aggression and Free Will". International Journal of Law and Psychiatry, Volume 34, Issue 1, pp. 20~29.

40. Fatma Deniz et al. (2019). "The Representation of Semantic Information Across Human Cerebral Cortex During Listening Versus Reading Is Invariant to Stimulus Modality". Journal of Neuroscience Vol 39, Issue 39, pp. 7722~7736.

41. Paul M. Thompson et al. (2020). "ENIGMA and Global Neuroscience: A Decade of Large-Scale Studies of the Brain in Health and Disease Across More Than 40 Countries". Translational Psychiatry, Volume 10, Issue 1.

42. McKay et al. (2015). Efficacy of cognitive-behavioral therapy for obsessive-compulsive disorder. Psychiatry Res 28;225:236-246.

43. Ji-Won Hur et al. (2018). "A Scenario-Based Cognitive Behavioral Therapy Mobile App to Reduce Dysfunctional Beliefs in Individuals with Depression: A Randomized Controlled Trial". Telemedicine and e-Health, Volume 24, Issue 9.

44. 권준수, "버닝썬 사건, 미성숙한 한국사회의 상징적 단면", 《헤럴드경제》,

2019.5.24.

45. Alena Svatkova et al. (2015). "Physical Exercise Keeps the Brain Connected: Biking Increases White Matter Integrity in Patients With Schizophrenia and Healthy Controls". Schizophrenia Bulletin, Volume 41, Issue 4, pp. 869~878.

46. Britta K. Hölzel et al. (2011). Mindfulness practice leads to increases in regional brain gray matter density". Psychiatry Research: Neuroimaging, Volume 191, Issue 1, pp. 36~43.

47. Chuan-Chih Yang et al. (2019). "Alterations in Brain Structure and Amplitude of Low-frequency after 8 weeks of Mindfulness Meditation Training in Meditation-Naïve Subjects". Scientific Reports, Volume 9, Issue 1.

48. Youngwoo Bryan Yoon et al. (2019). "Plastic Changes in the White Matter Induced by Templestay, a 4-Day Intensive Mindfulness Meditation Program". Mindfulness, Volume 10, Issue 11, pp. 2294~2301.

49. Seoyeon Kwak et al. (2019). "The Immediate and Sustained Positive Effects of Meditation on Resilience Are Mediated by Changes in the Resting Brain". Frontiers in Human Neuroscience, Volume 13.

50. 권준수, "멍때리기 대회…뇌도 휴식이 필요",《한국일보》, 2018.4.24.

51. 권준수, "고통 끝에 오는 만족감이 더 값지다",《한국일보》, 2018.2.26.

52. Boreom Lee et al. (2010). "White Matter Neuroplastic Changes in Long-Term Trained Players of the Game of "Baduk" (GO): A Voxel-Based Diffusion-Tensor Imaging Study". NeuroImage, Volume 52, Issue 1, pp. 9~19.

53. Wi Hoon Jung et al. (2013). "Exploring the Brains of Baduk (Go) Experts: Gray Matter Morphometry, Resting-State Functional Connectivity, and Graph Theoretical Analysis". Frontiers in Human Neuroscience, Volume 7.

54. F J González Luque et al. (1997). "Implication of Lead Poisoning in Psychopathology of Vincent Van Gogh". Actas Luso Esp Neurol Psiquiatr Cienc Afines (Article in Spanish), Volume 25, Issue 5, pp. 309~326.

55. Sandra F Witelson et al. (1999). "The Exceptional Brain of Albert Einstein". Lancet, Volume 353, Issue 9170, pp. 2149~2153.

56. Marian C. Diamond et al. (1985). "On the Brain of a Scientist: Albert Einstein". Experimental Neurology, Volume 88, Issue 1, pp. 198~204.

57. Britt Anderson & Thomas Harvey. (1996). "Alterations in Cortical Thickness and Neuronal Density in the Frontal Cortex of Albert Einstein". Neuroscience Letters, Volume 210, Issue 3, pp. 161~164.

58. McCarley RW. (1998). "Dreams: Disguise of Forbidden Wishes or Transparent Reflections of a Distinct Brain State?". Ann N Y Acad Sci 15;843:116-33.

59. Eugene Aserinsky & Nathaniel Kleitman. (1953). "Regularly Occurring Periods of Eye Motility, and Concomitant Phenomena, During Sleep". Science, Volume 118, Issue 3062, pp. 273~274.

60. 매컬리 교수는 필자가 하버드 의대 정신과에 연수를 갔을 때 멘토로서 아주 마음씨 좋은 할아버지였는데, 안타깝게도 2017년 80세의 나이로 돌아가셨다. 특히 한국을 좋아해서 몇 번 방문한 적도 있다. 그는 젊었을 때 신경생리학적 방법을 이용해서 꿈에 대한 연구를 했고, 이후 뇌 영상술을 통해 조현병을 연구한 선구자이기도 하다.

61. R. W. McCarley & J. A. Hobson. (1977). "The Neurobiological Origins

of Psychoanalytic Dream Theory". The American Journal of Psychiatry, Volume 134, Issue 11, pp. 1211~1221.

62. Antoine Bergel et al. (2018). "Local Hippocampal Fast Gamma Rhythms Precede Brain-wide Hyperemic Patterns During Spontaneous Rodent REM Sleep". Nature Communications, Volume 9, Issue 1, pp. 1~12.

63. R. L. Carhart-Harris & K. J. Friston. (2010). "The Default-mode, Ego-functions and Free-energy: A Neurobiological Account of Freudian Ideas". Brain, Volume 133, Issue 4, pp. 1265~1283.

64. Kathleen KaraFitzpatrick et al. (2017). "Delivering Cognitive Behavior Therapy to Young Adults With Symptoms of Depression and Anxiety Using a Fully Automated Conversational Agent (Woebot): A Randomized Controlled Trial". JMIR Mental Health, Volume 4, Issue 2, p. 19.

65. Margaret Mitchell. (2015). "Quantifying the Language of Schizophrenia in Social Media". Proceedings of the 2nd Workshop on Computational Linguistics and Clinical Psychology: From Linguistic Signal to Clinical Reality, pp. 11~20.

66. 한해진, "가상현실(VR) 접목 '정신건강 헬스케어' 부상", 《데일리메디》, 2018.8.28.

67. 성승제, "에임메드, 불면증 디지털치료제 기술 개발 과제 최종 선정", 《디지털타임스》, 2020.7.16.

68. 김태윤, "당뇨·불면증·ADHD, 앱·VR로 고친다", 《중앙일보》, 2020.9.16.

참고문헌

1. 남궁산, 『문명을 담은 팔레트』, 창비, 2017.

2. 레이먼드 커즈와일, 『특이점이 온다』, 김영사, 2007.

3. 미셸 푸코, 『광기의 역사』, 나남, 2020.

4. 요제프 브로이어·지크문트 프로이트 저, 김미리혜 역, 『히스테리 연구』, 열린책들, 2020.

5. Peter D. Kramer, Listening to Prozac, Penguin Books, 1993.

6. Herbert A. Simon & John E. Laird, The Sciences of the Artificial, The MIT Press. 2019.

이 책에 사용된 저작물 중 일부는 저작권자를 확인할 수 없어 정식 협의 절차를 진행하지 못했습니다.
추후라도 연락 주시면 저작권 협의 후 합당한 조치를 취하겠습니다.

KI신서10028

뇌를 읽다, 마음을 읽다

1판 1쇄 발행 2021년 12월 29일
1판 8쇄 발행 2024년 9월 30일

지은이 권준수
펴낸이 김영곤
펴낸곳 ㈜북이십일 21세기북스

서가명강팀장 강지은 **서가명강팀** 강효원 서윤아
출판마케팅팀 한충희 남정한 나은경 한경화 정유진 백다희 최명열
영업팀 변유경 김영남 전연우 강경남 최유성 권채영 김도연 황성진
디자인 THIS-COVER
제작팀 이영민 권경민

출판등록 2000년 5월 6일 제406-2003-061호
주소 (10881) 경기도 파주시 회동길 201 (문발동)
대표전화 031-955-2100 **팩스** 031-955-2151 **이메일** book21@book21.co.kr

(주)북이십일 경계를 허무는 콘텐츠 리더

21세기북스 채널에서 도서 정보와 다양한 영상자료, 이벤트를 만나세요!
페이스북 facebook.com/jiinpill21   포스트 post.naver.com/21c_editors
인스타그램 instagram.com/jiinpill21   홈페이지 www.book21.com
유튜브 youtube.com/book21pub
서울대 가지 않아도 들을 수 있는 명강의! 〈서가명강〉
유튜브, 네이버, 팟캐스트에서 '서가명강'을 검색해보세요!

ⓒ 권준수, 2021

ISBN 978-89-509-9860-8 04300
      978-89-509-7942-3 (세트)